怪力亂神的民間信仰

的

民間信仰

——《封神榜》與《西遊記》角色神格化之批判

趙弘雅 著

▲ 女媧娘娘的爸爸盤古老頭

◀ 女媧娘娘又名九天玄女

女玄天九

▶ 眾註生娘娘之中的一位

▼ 女媧娘娘的哥哥天皇大帝

天皇大帝

▶三皇之中的老二神農氏

◀女媧娘娘的先生，三皇之中的老大伏羲先生

▲三皇之中的老三，沉默寡言的黃帝

4

封神榜裡的千里眼、順風耳和他們的
新頭家媽祖女士

▲長相、穿著一模一樣，活像三胞胎的三界公，堯、舜、禹

▲ 老神在在，騎在獨角青牛背上的大教主，老子

▼ 讓孫悟空很瞧不起的三清道祖，喜歡穿同樣的外套

▶面貌慈祥的壽星，南極仙翁曾殺
　過人

◀三等馬之一，太乙真人，或稱太
　乙救苦天尊

◀三等馬之一，廣成子

▶聞太師有雷神普化天尊之名，卻
　無實權

▲ 封神要角姜子牙騎著四不相四處遊蕩

▼ 聞太師的師父斗姥星君長得四頭八手

▲ 七歲就開始殺人的三太子李哪吒

▲ 三太子的同事，孫悟空的剋星三目楊戩

▼ 徐蓋成了太陽星君

▼ 紂王的大某，姜皇后成了太陰星君

▲ 紂王的大兒子殷郊成了值年太歲

▲ 周文王的大兒子邑考成了紫微大帝

▼ 心黑手辣的武財神趙公明

▼ 孫悟空右手拿著重一萬三千五百斤重
　的金箍棒

▲ 東西南北四海龍王兄弟相聚，合照一下做紀念

▼ 二億二千六百八十萬歲的玉皇大帝的
　長相是這樣子的嗎？

▲ 幹第五殿陰間閻羅的包青天包黑子聚
　精費神辦他的公

▼ 爭地獄最高統治權的地藏王菩薩

▲ 天庭歌舞團的團長王母娘娘女士

◀ 患有老人痴呆症的北極玄天上帝

▲ 慈悲昏過頭的觀世音菩薩

▶ 聽說佛法無邊的釋迦牟尼佛

▲ 怕苦、怕死、多心、不明是非的三藏

▲ 加入取經小組後，八戒兄已不幹此事了

▲ 每二、三天就拿一個過路人吃的沙悟淨
洗手後竟然如此斯文

16

本書所有相片均為董芳苑教授所提供，特此致謝

序《怪力亂神的民間信仰》

　　深具海洋民族性格的台灣人，因受到漢文化那種「物我一體」或「神我一體」（來自太極化生兩儀、四象、八卦及萬物的信仰）觀念之影響，爲此而走「多神信仰」（polytheism）路線。並且以宗教信仰之目的在於追求現世功利、尤其是祈求「富」、「貴」、「財」、「子」、「壽」之所謂「五福」能夠永久臨門。由於台灣人身處群島之中經營生計，對於海洋、大地、山岳的大自然界就特別有濃厚的感情。既然靠天地喫飯，討海營生，從中培養出崇拜大自然的宗教心當然是可以理解的。可惜此一「靠海喫海、靠山喫山」的心態難免被祈安求福的宗教心所支配，結果不但忽略對於自然環境之保護，反而出現許多污染自然環境的宗教行爲。就像：在台灣各處名勝山區建築違章廟宇，在北宜公路（九彎十八拐山路）沿途撒銀紙，將焚燒「王船」與大批金紙灰燼一大堆一大堆的傾倒於海洋中。這些事實都使咱這個太平洋中的美麗群島變得不美麗，也成爲外國人士譏諷台灣人很不文明的笑柄。

　　更有進者，不外台灣人那種：「寧可信其有，不可信其無」之頑固守舊性，以致將《封神榜》與《西遊記》這兩本古

典小說中的虛構角色加以「神格化」（deification），從而敬拜有加。幸而這類很少有人留意到之信仰現象，使一位居住於美國紐澤西洲的化學博士——趙弘雅先生關注到了。這兩、三年來，趙博士以關心台灣鄉土及自己同胞心靈改造的一股熱情，憂心斯土斯民將《封神榜》及《西遊記》這兩部小說中虛構角色神格化之迷信的嚴重問題。因而以現代知識分子的立足點，用風趣又批判性觀點執筆撰述《怪力亂神的民間信仰：「封神榜」與「西遊記」角色神格化之批判》乙書。筆者從字裏行間可以深深體會作者之立論精確、風趣又敏銳，對於「玉皇上帝」及其他眾神之批判可謂批得體無完膚，一針見血！如此反傳統見解之批判，其價值在於能夠引發吾土吾民宗教觀之重新省思，進而達到心靈改造之目標。因此可以說，這本冊如同一面現代的「照妖鏡」，通過作者文字上的光芒照得群神原形畢露，群魔無處可逃。

就內容言，此書計收錄二十九篇文章，即論《封神榜》的角色十四篇〔有：〈女媧娘娘〉、〈紂王〉、〈妲己〉、〈三皇〉（伏羲、神農、黃帝），〈三界公〉（天官、地官、水官）、〈周文王〉、〈紂王朝野大臣〉、〈大教主〉（鴻鈞道人、老子、元始天尊、通天教主）、〈三等馬〉（赤精子、雲中子、廣成子、懼留孫、玉鼎眞人、道德眞君、道行天尊、度厄眞人、太乙眞人、南極仙翁、燃燈道人、文殊天尊、普賢眞人、慈航道人等等）、〈姜子牙〉、〈四等馬〉（雷震子、楊任、土行孫、崇黑虎、龍鬚虎、殷郊、殷洪、鄭倫、楊戩、李靖、金吒、木吒、哪吒等等）、〈聞太師和他的道友〉、〈李

哪吒〉及〈封神榜裏的神〉等等〕。論《西遊記》的角色十一篇〔有：〈孫悟空〉、〈海龍王〉、〈閻羅王〉、〈玉皇大帝〉、〈神仙〉（王母娘娘、七仙女、玄天上帝、神仙雜記）、〈佛祖與菩薩〉（燃燈佛與彌勒佛、文殊、普賢、觀音三菩薩、釋迦牟尼佛）、〈三藏師徒〉（龍馬、沙悟淨、豬八戒、唐三藏）、〈唐太宗〉、〈各國的王室〉（西梁女人國、比丘國、天竺國、祭賽國、寶象國、烏鷄國、朱紫國、滅法國）、〈吃人者〉（地方性的、中央級的、進口的）、〈鐵飯碗與破飯碗〉（只看外表、眞現實、別人的兒子死不完、好客忠實知足和平）等等〕。另外有〈前言〉、〈後語〉各一，以及〈來去苑裡〉和〈再談談媽祖〉的兩篇附錄，實在內容豐富，可讀性很高。

斯土台灣係亞太地區的寶島，因其四季如春、物產豐富，經濟實力足以在國際上排名。只因台灣人崇尚功利主義，善於利用怪力亂神求一己之福祉，以致自甘墮落為「摩登原始人」（modern primitives）——生活十分現代心態相當落伍而原始。所以什麼神、什麼鬼（有應公、萬善同歸）若能給他們中獎發財，就加以膜拜。其後遺症就是容易被神棍、佛棍、教棍、術士所愚弄，甚至勞命傷財（不過台灣民間的諸神鬼也難為，一旦無法滿足善男信女私慾就會被斬頭剁手）。明白個中底細，就不難瞭解台灣人會去膜拜《封神榜》與《西遊記》裏面的虛構角色了。問題是：這類宗教現象對於吾土吾民的社會教育是一種不合乎時代之逆流，它也導致台灣人的社會價值觀永遠落伍，跟不上時代！如今有趙博士以反諷的筆調，明白指

出台灣人將中國功夫之一的古典小說角色神格化之不是，其先知先覺之見地委實值得台灣人去反省，從而拋棄怪力亂神之迷信，過著自由自在的現代人生活。期待吾土吾民都能夠從這本冊來悟出真理，為締造「新台灣文化」而共同努力，是以為序。

董芳苑 謹識

2002年2月26日於淡水河畔寒宅

怪力亂神的民間信仰

——《封神榜》與《西遊記》角色神格化之批判

VI　怪力亂神的民間信仰

談《封神榜》與《西遊記》人物

寫在前面

四百年前，先民從唐山渡海過台灣。黑水溝風浪險惡，危機重重。到台之後，又時逢疾病霍亂。在醫學不發達的時代，先民拜神，求神明保佑的行為是可以理解的。

過去六十年來，台灣從農業社會轉變成工業社會，社會百象變化非常的大。在科學，醫學，各方面越現代化的社會，拜神的活動應該越來越少才對。可是台灣人的拜神活動卻越來越多！台灣地窄人多，給神明佔去的土地，佔去的房子卻膨脹得非常的快。這種反常現象令人擔憂。

觀看台灣廟裡所服事的神明，我們發現竟然有約一半是《封神榜》和《西遊記》這兩本神怪小說，由作者無中生有，設想出來的人物。台灣人每年到廟裡燒成千上萬噸的金紙，拜這些設想出來的東西，浪費金錢、浪費時間不說，同時又製造很大的空氣污染，致使多少人得了肺癌、呼吸器官癌。可憐，台灣人卻不自知，誤以為燒香、燒金紙可以獲得神明的保庇。

這兩本小說同樣是明代的人寫的。《封神榜》寫商朝末代皇帝紂王亡國的故事，《西遊記》則以唐太宗遣玄奘往西方取經為故事背景。《封神榜》應完成於《西遊記》之前。這兩本

小說無疑的是四百年來影響台灣民俗、台灣文化最大最深的書籍，所以我們要花一些時間詳細來談這兩本小說。

1.一些關係人物的出生年代

　　這兩部書都牽涉到許多不知年歲的上古人物，如玉皇大帝、女媧娘娘、神農、伏羲、老子等。首先讓我們推算看這些人物出生的年代，或許可以幫贊我們了解一些背景。開天關地的盤古在這兩部書裡都沒有出現過，不過他女兒可是《封神榜》裡紂王亡國的關鍵人物。

　　我們的傳說是說在天地渾沌時代，宇宙如同一個大雞蛋，盤古就孕育在這個宇宙蛋中。過了一萬八千年，盤古醒來，覺得黑暗渾沌的景象非常可惱，抓來一把大板斧用力一揮，宇宙蛋便破裂開來。突然宇宙蛋中那些輕而清的東西冉冉上升變成了天，重而濁的東西沈沈下降變成了地。這時，盤古站在天地當中頂天立地，隨著自然的變化而變化。天每天高一丈，地每天厚一丈，盤古也每天長一丈。如此過了一萬八千年，天生得極高，地變得極厚，盤古的身子極高無比，推算有九萬里。之後他倒了下來，安息了。臨死時，他的身體起了極大的變化：呼氣變成風雲，聲音變成雷霆，左眼變成太陽，右眼變成月亮。手足和軀體變成大地的四極和五嶽，血液變成江河，筋脈變成道路，肌肉變成田地，頭髮和鬍鬚變成了天上的星辰。皮膚汗毛變成花草樹木。牙齒、骨頭與精髓也都變成了各種金屬、石頭與珠寶。汗流變成了雨露甘霖，而寄生在他身上的蚤蝨卻因天地靈風所感而變成了人類。他眼睛的瞳光成了閃電。

他高興時就是晴天麗日，一生氣便黑雲密佈。

　　盤古完蛋宇宙蛋，這件開天闢地的大事，在《封神榜》裡卻說伏羲和老子也有一份！

　　我們知道在約一百四十億年前，大爆炸(Big Bang)形成了初期的宇宙。很多億年後才逐漸形成億萬個銀河體系(Galaxies)。其中一個就是我們的銀河(Milky Way)。我們的銀河又由許許多多的太陽系所組成。我們的太陽就是在約五十億年前形成的，地球則到四十六億年前才組成。地球形成後，不斷的受小星球(Asteroids)及彗星(Comets)的衝擊。其中最重要的是一個火星大小的星球體衝擊到地球來。這個衝擊力實在是太大了，大得把地球撞掉一大塊。這一塊物體後來凝固成今天的月亮。最後的大衝擊發生在四十億至四十四億年前。也就是說天、星、日、地、月才是整個宇宙形成的程序。

　　這樣說來，開天闢地這件大事，盤古、伏羲和老子實在都沒有參與，根本沒份，更不能說他們是什麼開天闢地之王了。把盤古和伏羲歸屬同一時代的人物還勉強可行，把胡說八道的道教的教主老子也拉到同一時代就太鬼扯了。

　　在古書裡，孔子曾求禮於老子，對老子的學問尤其敬重。老子該是東周中葉，大約西元前五百年代的人物。《封神榜》寫紂王亡國的故事時，老子得六百年後才出世，不過《封神榜》裡，這位年紀負六百歲的老頭竟然是全本書裡法力最高的一代教主！一下子是開天闢地的成員，一下又是法力極高的教主！如果這不算鬼扯，世上就再也沒有鬼扯的事了。

　　《元始上真眾仙記》說天地未分之時，這個號稱「元始天

王」的盤古真人遨遊於其中。其後開闢天地，盤古真人就住在玉京山的宮殿中，吸天露、飲地泉。幾年後，山下石澗突有積血，由它變化出一位天姿絕妙的女子「太元玉女」來。盤古真人一見鍾情，便娶她為妻，而生下第一個人類叫天皇，以後又生了女兒九天玄女。

　　早期的地球呈無菌狀態。一直到約三十八億年前，地球的生態環境才緩和到生命可以維持的地步。這中間也拜彗星衝擊地球時帶來了碳、氫、氧、氮、水這些生命得以衍生的元素。在地球的四十六億年的歲月史上，近似人類的祖先大約在五百萬年前才在非洲出現。後來人類的足跡由非洲逐漸擴散到亞洲和歐洲，形成早期的三大人群。

　　既然盤古先生跟開天闢地扯不上關連，把他定位為五百萬年前在非洲出現的土人該是比較合理的。他和太元玉女的婚禮也應該是在非洲舉行的了。下次看電視上上古人物的畫面時，得認真認認那幾位是盤古家人了。

　　盤古的女兒九天玄女又名女媧娘娘，又有傳說說她乃那個製八卦的伏羲的太太。於是，伏羲又是盤古的女婿。這三位先生女士都是年紀五百萬歲，世上最老最老的老朽人物了。

　　人類的祖先出現在地球上時，為了保持體溫，全身都長毛。上面那位全身長毛的太元玉女在全身長毛的盤古的眼內竟然是天姿絕妙的女子呢，好羅曼蒂克！那個叫天皇的人類，和日本天皇是沒有任何牽連的，日本朋友，請不必太緊張。

　　《封神榜》裡，玉皇大帝只出現了一下子，角色很輕，也不是什麼統治天上眾神之至上神。這位糟老頭到《西遊記》時

才出頭天。從遊記裡冒出來的他竟然是個二億二千六百八十萬歲的人物，也就是說他出生在恐龍統治地球的時代，比人類出現在地球上早了二億二千一百萬年。今天，在台灣的民間信仰裡，他的牌子最大，比盤古、伏羲、女媧、老子這些小弟小妹都大，大概就是因為他這個偉大的億萬歲壽吧。只是，這糟老頭不是萬物之靈的人類成道，那麼到底他是個什麼樣的低等動物得道的呢？

　　六千五百萬年前，一個比哈雷彗星還大的，估計直徑約在十到二十公里的星體，撞擊到地球，造成今日墨西哥海岸的猶加敦(Yacatan)半島上寬一百七十公里的大坑。撞擊時，從地面給撞飛到空中，再從空中掉下來的隕石充滿了天空，大氣變得紅熱，地球表面到處地震、火災。之後灰塵昇空，遮住太陽的光與熱，導致全地面的大黑暗，地球表面急速降溫達半年之久。後果是地球上四分之三的物種絕滅了，包括統治地球達數億年之久的恐龍。這玉皇大帝如何逃過這個大劫數，還跑到唐朝初年（約西元六百年），參與成為《西遊記》裡的重要配角呢？

　　另外一個關係人物便是傳說中那位親嘗百草製藥、教人種五穀的那位神農老兄了。根據最近的研究，世界上最早懂得種五穀的是敘利亞人，在一萬年到一萬一千年前開始的。那神農氏應該是敘利亞人了。他，不知什麼時候移民到東方來了？移民到東方的這位神農氏的運氣實在好，名利雙收，很多功勞都糊裡糊塗的記到他身上！

2.同時出現在兩本書中的人物

這兩本書所寫的故事背景，在時間上相差了一千七百年。不過有很多在《封神榜》裡完蛋了，死了的人物卻像電影演員一樣又在《西遊記》裡爬起來再度演出了。重複在這兩本書中的人物，在兩位作者各自導演下，個性可卻相當的不同。如：

	在《封神榜》裡	在《西遊記》裡
玉皇大帝	沒沒無聞	無極至上的大天尊
老子	不可一世的大教主	昏庸無用的太上老君
元始天尊	不可一世的二教主	無路用的三清之一
李哪吒	武藝超群的大殺星	給孫悟空打得走頭無路
李木吒	拜普賢道人為師	改拜觀世音為師
慈航道人	男生，只是三流的修道人	女生，大慈大悲的觀世音
千里眼	只能看一千里，給打死了	又活了，看不限於一千里
順風耳	只能聽一千里，給打死了	又活了，聽不限於一千里

其實把李哪吒抓來跟孫悟空打鬥，和安排關公跟鄭成功比武同樣好笑。不過，台灣人卻把李哪吒、孫悟空、關公、鄭成功、本文所提到的所有的名字……全部，全部都當做神明來拜。

《西遊記》對天宮的構造、設備等等的描寫是完全從《封神榜》照抄來的。不過，《西遊記》作者的想像力，書中的情節，用辭……還是比《封神榜》的作者高了一層。《封神榜》

裡有很多故事重複的地方，《西遊記》就沒犯上這種錯誤。要不是兩部書都對台灣人的民間信仰，對台灣文化造成極大的污染，把他們，特別是《西遊記》當做趣味性的幻想小說來欣賞，確實相當令人百看不厭呢。

3.作者的算術不靈光

古人的算術不太好。這兩位作者的算術，也都很不靈光。

在《封神榜》裡，紂王七年，北海有七十二路的諸侯袁福通等造反。紂王派聞太師征伐，費了十五年才平定，聞太師回朝時，周文王在西岐活得好好的，這年應該是紂王二十二年，可是書裡說紂王二十年，文王死，年九十七歲。

紂王在位八年時納妲己，時妲己剛二八年華，也就是十六歲。文王死的次年，應該是紂王二十一年了，書裡卻說成紂王三十一年。這年妲己對武成王的太太，四十九歲的賈氏說賈氏比她大八歲，也就是妲己在這年是四十一歲，不是該十六加三十一減八，三十九歲嗎？

紂王三十五年的三月三日，洪錦與龍吉公主因月合仙翁，就是月下老人的說合而結婚。這件事發生在武王討伐紂王前好幾年。兩位情侶在戰場中也曾賣力過，甚至後來雙雙都死於戰場。不過書中又說武王伐紂的出發時間是紂王的三十年三月二十四日！

各位鄉親請注意，這位龍吉公主可能是玉皇大帝和王母娘娘生的女兒呢。玉皇大帝在《封神榜》裡的年紀已二億二千六百八十萬歲，這樣高齡的糟老頭又如何和人家生女兒呢？那王

母娘娘生龍吉公主時又是多大年紀呢？

李哪吒在《封神榜》裡因為吃了三枚紅棗，飲了三杯酒而多長了三個頭、六隻手。可是後來書中硬說他是個三頭八臂的人。李哪吒在《封神榜》裡是李天王李靖的小兒子，到一千七百年後的《西遊記》裡仍還是個小孩童。孫悟空的年紀應該比他小好幾百歲，不過兩人對陣時，悟空卻自稱老大，把他當奶臭未乾，胎毛未脫的小孩看待。其實，在今天的台灣廟裡，這位三太子不是仍然被當成小朋友嗎？

紂王亡國後，姜子牙完成《封神榜》，本來預定受封的名額是三百六十五名。可是名單公佈後，卻錄取了三百七十一名，多出了六名。難道有死鬼黑西，送錢了？

《西遊記》的作者的算術也好不到那裡去。《西遊記》裡李哪吒給更正為三頭六臂的人，還是不對啊。遊記裡唐太宗於貞觀十三年舉辦全國性的會考，選拔人才。三藏的老爸於這年考上狀元，也於這年結婚，生三藏。三藏同樣於這年，貞觀十三年，長大到十八歲，又於這年接受太宗皇帝的指派到西方去取經。貞觀十三年，好多事都在這年發生了，多麼多事之年啊！三藏用十四年的時間把經取回來，這年他卻已經是四十五歲的人了。

《封神榜》、《西遊記》在數目上，年代上的亂七八糟不重要。重要的是書裡這些亂七八糟的人物卻集體舞弊，興風作浪，個個成為台灣人信仰、拜拜的對象，而拜拜的過程形成為台灣人相當重要的民俗、文化活動。

⊘ 談《封神榜》人物

女媧娘娘

　　《封神榜》裡第一個出場的女生便是女媧娘娘，伏羲之太太也，又稱做九天玄女。傳說她是上古時候的一位神女，生而有聖德。又有說她生得人面蛇身，一日中七十變的。她的先生伏羲的頭上長了兩隻角，這女媧娘娘人面蛇身，不知他們有沒有生個一男半女，他們生的兒女長得怎麼樣？

　　我們在上文中已經提過，她是盤古真人和太元玉女兩個人的愛情結晶。她阿兄就是第一個叫天皇的人類。很沒意思，這個叫天皇的第一個人類，古書中卻很少資料。

　　另外，又有傳說說上古之時，女媧娘娘以黃土和水造人，從此宇宙就有了人類，娘娘又恐人類因死亡而絕種，就創建了婚姻制度，使男女結合而延綿人類。於是娘娘又取代了她阿兄的地位，成為人類的祖先了。啊！兄妹爭名。

　　最早的人類茹毛飲血，每天最重要的大事就是如何求得一日的溫飽，如何殺吃猛獸，如何避免為猛獸所吃。大家沒名沒姓的，家庭倫理觀念早就還沒成形呢，那來婚姻制度？女媧創建婚姻制度的傳說實在是傳得太過離譜了。不過就因為她這個使人類得以延綿的傳說，她又給奉為註生娘娘了。於是女媧娘

娘、九天玄女、註生娘娘便儼然成為三位一體的東西了。

　　古時候，有一位共工氏因為不小心，頭去觸了不周山，結果導致天傾西北，地陷東南。這位女媧娘娘看了心急，見義勇為，趕緊採取行動，撿五色石，煉之以補青天，所以有功於百姓。又有說祝融與盤古打戰打敗了，用頭去觸不周山，結果造成山崩，天柱折了，地維缺了。女媧看了，趕緊煉石以資修補。

　　到底是那一位仁兄的頭去觸到不周山的呢？不周山到底座落在宇宙的那個角落，怎麼會導致天傾西北呢？天傾西北之後，又怎麼剛好傾到地球上的地而使之陷於東南呢？女媧為什麼偏偏撿五色石來補天？五色石好難找啊！近三百年來的科技發展導致地球大氣層中臭氧層的破裂，這次，天真的破了，極需修補了。我們多麼期待女媧娘娘再見義勇為一次，幫我們修補好啊！可是，娘娘怎麼久久還不動手呢？啊！這些胡說八道的傳說當做飯後趣談的話題罷了，怎能認真呢？

　　以前的文人要形容世間女子之美時，常用「月宮嫦娥降人間」或「九天玄女下凡塵」這兩句話語。後面這句話裏的漂亮女子竟然就是指這位人面蛇身的女媧娘娘啊！本來麼，天姿絕妙的媽媽生的女兒啊！可是，這些文人親眼見過這位九天玄女了嗎？當然沒有啊！連照片都沒瞧過呢。唉，所謂「九天玄女下凡塵」只不過是無聊的文人筆下的意淫之詞罷了。這位生於非洲的上古時代的娘娘，應該面肉烏黑，全身長毛，光著屁股或蛇身，下額骨又粗又大，鼻孔朝前，走路身子半彎，像個人猿或猩猩，沒牙刷牙膏刷牙，也沒梳子梳頭……從現代人的眼

光看來，她，絕對不是一粒「黑眞珠」，不可能漂亮到那裏去！

有關娘娘的傳說其實不算多。在《封神榜》裏，她的角色也非常的輕。不過，她卻是導致紂王自焚，商朝亡朝的關鍵人物呢！

原來，紂王到她廟裡上香朝拜時，她不小心，展露了自己的聖像，致使紂王因她的美而徒起淫心。紂王做了一首淫詩，妄想帶她回朝，同享于倫。這事因她自己的不小心、不檢點而引起，她卻對紂王大發脾氣。你看她下令手下一隻千年的狐狸精、一隻九頭雉雞精、和一個玉石琵琶精隱去妖形，托身宮院，去惑亂君心，幫助武王伐紂成功。她這些手下在紂王身邊鬼混了二十多年，殘殺了不少生靈，她卻從不插手。在武王伐紂的三十六個大大小小的戰役中，雙方共死傷了上百萬的軍士，她老娘可是鐵石心腸，視而不見，從不過問。僅在戰爭快結束前，在梅山施展了一點小法力，幫子牙降伏了一隻白猿精和一頭牛精。在紂王崩潰兵敗的最後關頭，趕去阻止那三位她管教不嚴的昔日手下——狐狸精、雉雞精、和琵琶精之企圖逃脫，使她們服刑，死於子牙手下。除此之外，她實在是乏善可陳，毫無表現，毫無作為。

大甲人不知道吃錯了什麼藥，是誤以爲她眞的採石補天，有功於百姓呢？還是誤以爲她長得漂亮呢？竟然莫名其妙，建了一座朝奉宮，侍奉這位娘娘。廟裏的娘娘黃臉黃手，竟然不是人面蛇身，也沒長毛光屁股，不像人猿或猩猩。一張神像活像個肉餅，儼然不是美女。另外，不知什麼緣故，她又兼做什

麼香燭業者的守護神，真是亂七八糟加三級。

除了大甲的朝奉宮拜娘娘外，台灣還有很多的廟裡服事她呢。不過，有些廟拜的是女媧娘娘，有些拜的是九天玄女，有些拜的是註生娘娘，也有些拜這三個名詞中的兩個。反正誰也弄不清她們到底是三位一體呢，是三位二體呢，或三位三體。特別是「註生娘娘」這個名號已經給拜成台灣民間信仰中和媽祖、觀世音、王母娘娘一齊排前名的重量級四大女神了。

對於這個大牌的「註生娘娘」的底細到底是何許人也，台灣人可是意見多多，看法迥異。各地你拜你的，我拜我的，拜的可不是同一家產品，有原封的、古味的、正宗的、老牌的……各自佔各自的地盤，有錢大家賺，有生意大家分，因為「註生娘娘」這個名號實在是太吸引人，太可愛了。

娘娘的年紀已經是五百萬歲以上了，可是她的神像卻都看似五十上下的中年婦女。她的皮膚應該是非洲黑色的，可偏偏卻是張黃臉皮。難道說是彫神像的師父弄錯，跟媽祖的臉調反了。否則，媽祖的臉怎麼是黑色的呢？

女媧娘娘的老父，那位生活貧困，吸天露，飲地泉的盤古老頭的神像就老實多了，全身黑漆漆的。不過神像的身材通常才一到六尺高，比他本人矮了九百萬倍，終究不太名符其實。盤古老頭今天的生活已經大有改善，因為他理財有方，霸佔了很多台灣的房地產，蹲到許許多多的盤古王廟裡去了。啊，說來可憐又好笑，現代的文明人竟然這麼認真拜這些小說中的古代野人。

我們的地球在形成之後，不斷地受到小行星、彗星等的撞

擊。除了六千五百萬年前那顆直徑約十到二十公里的星體來襲後，造成地球上四分之三的物種絕滅外，五萬年前，又受到一個直徑三十公尺的小星球的撞擊，造成美國亞利桑那州北部一個寬一點二公里的大坑。一九〇八年六月三十日衝擊到蘇聯的西伯利亞的一個直徑六十公尺的物體（小星球或彗星，到今天還不能斷定）所造成的巨響與強光，遠住在倫敦的居民都可以聽到，可以深夜在室外看書。

一九九四年的七月，全世界的天文學者目擊一個終生難逢的偉大景觀。一連串，共二十一個彗星在八天中相繼撞擊到木星上。其中較大的衝擊時所產生的能量相當於千百顆氫彈於同一時間燃爆。還好這事發生到木星上，若發生在地球的話，各位，我們早就在一九九四年的七月互道珍重，甚至不知道何時才能夠再來生來世見面了。在我們的太陽系裡，火星與木星之間有一個密度很高的小行星帶(AsteroidsBelt)，小的我們不怕，大的我們可受不起。以前它們撞過地球，以後它們也會再來撞。也就是說，地球，人類的故鄉，其實是非常的脆弱的，經不起鄰居這些小星球或彗星的衝擊。

離我們最近的火星的大氣層由95%的二氧化碳、2.7%的氮氣、微量的氧氣和水蒸氣所組成，液態水都沒有，溫度最高也難得達攝氏零度，不適合人類的生存。到火星，來回一趟得花三年，我們要移民到那裡，最早也是二百年後的事。離我們最近的太陽系，用光的速度也得跑四年才能到達。除了人類定居了五百萬年的故鄉——地球之外，我們確實別無停腳之地啊。

　　台灣人啊，不要再浪費時間，浪費金錢，拜這些不三不四的神話人物了，做個負責任的現代地球人，提昇對地球的認知，對地球的愛，努力從事保護故鄉的安全要緊。

☯ 談《封神榜》人物

紂王

　　《封神榜》這本小說寫商朝的末世皇帝紂王如何亡國的故事。

　　《封神榜》第一個出場的男生就是紂王了。紂王是個力氣大，又有點學問的皇帝。說他力氣大可不是隨便說的。有一天，他老爸領著眾文武遊御花園，玩賞牡丹之時，突然間，飛雲閣塌了一樑。他老兄看到了，馬上就用雙手托樑而換柱。他迫死朝中大臣黃飛虎的太太賈氏、飛虎仙的妹妹，就是他的西宮黃貴妃之後，飛虎仙給迫反了。當時，他一個人與飛虎仙、飛虎仙的手下黃明和周紀三個人戰了三十回合才抵擋不住。當姜子牙的大軍臨城時，他自己穿上甲冑，騎上逍遙馬，親率御林軍抵抗。一個人力戰東伯侯、南伯侯、北伯侯等三路諸侯，一口刀抵住三般兵器，殺得天昏地暗，日月無光。你看他被眾諸侯圍在核心，還全然不懼，使發手中刀，一聲響，將南伯侯揮於馬下。

　　他有御用的太師教他讀書，當時讀的可能是刻在龜殼上面的甲骨文呢，不簡單吧。他看得懂朝臣的奏章，詩也寫得很好。你看他在力戰諸侯之後，走入內宮，看到妲己、胡喜媚、

王貴人三人前來接駕，即令左右治酒，與三位美人共飲死別。他作詩曰：「憶昔歌舞在鹿台，孰知姜向會兵來。分飛鴛鳳惟今日，再會駕鴦已隔垓。烈士盡隨烟焰滅，賢臣方際運弘開。一杯別酒心如醉，醒後滄桑變幾回。」詩做得這麼好，你能說他沒有學問嗎？

他的王朝中也有不少賢能的文武輔助他。如丞相商容、亞相比干、太師聞仲、鎮國武成王黃飛虎、微子、箕子等都是一時之選，一等一的好人才。可以說文足以安邦，武足以定國。

可惜紂王寡人有疾，寡人好色。他擁有大太太三宮，姨太太六院，後宮美女也不止一千。其中，中宮皇后姜氏、西宮黃氏、馨慶宮楊氏都是德性貞靜、柔和賢淑的好女性。可是，當他到女媧宮朝拜女媧娘娘時——他派頭很大，帶著三千鐵騎，八百御林去朝拜女媧娘娘——娘娘於無意中展露了自己的聖像。這紂王看到娘娘國色天姿，真如仙子臨凡，嫦娥下世，一時神魂飄蕩，徒起淫心，隨即作了一首淫詩，妄想娶娘娘回他的長樂宮，長遠侍候他。你看他進香回宮後，朝朝暮暮思想那娘娘的美貌，寒暑盡忘，寢食俱廢。回首再見三宮，則真如塵飯土羹，不堪諦視。

妄想美麗的女神侍候他，當然是辦不到的事啊。他手下的寵臣費仲、尤渾這兩個混帳就獻言說陛下傳一旨，叫天下四路諸侯每侯選美女百名以充王庭，何憂天下絕色不入王選乎？此事後來因朝中首相商容之諫而止。最後只選當時天下第一美女(Miss Universe)蘇護之女妲己一名。紂王以「相議國事」的名義宣蘇護進朝，威脅蘇護獻出愛女。蘇護不肯，皇上就欲統

率二十萬人馬親自征伐蘇護。後來周文王姬昌以屬害關係說服蘇護，蘇先生無可奈何，終於將愛女獻給紂王。

不過後來蘇姐己為女媧娘娘手下的一隻千年的狐狸精所害。跑去侍候紂王的是狐狸精變的假姐己。紂王貪著姐己的美色，自他進宮後半年沒上班。朝朝宴樂，夜夜歡娛，朝政章奏大混淆。朝廷大臣諫而不聽。

紂王寵姐己數年後，又納了姐己的兩個狗黨。一個是九頭雉雞精變的胡喜媚，一個是玉石琵琶精變的王貴人。這三個妖精變的美女極盡惑亂君心之能事，最後終於完成敗掉紂王江山的大業。不過她們忘了娘娘最重要的一項叮嚀，就是不可殘害眾生。因為她們平日殘害了不少生靈，紂王兵敗時，她們全都給斬於姜子牙的手下了。

紂王的無道是歷代有名的，姜子牙在天下諸侯面前，就提綱挈領地道出他十大罪狀：

沈湎酒色，不敬上天，遠君子，親小人，敗倫喪德，極古今未有之惡，罪之一也。

皇后為萬國母儀，未聞有失德。陛下乃聽信姐己之讒言，斷恩絕愛，剜剔其目，炮烙其手，致皇后死於非命，廢元配而妄立妖妃，縱淫敗度，大壞彝倫，罪之二也。

賜死太子，輕棄國本，忘祖絕宗，得罪宗社，罪之三也。

杜元銑、梅伯、商容、膠鬲、微子、箕子、比干等大臣乃國之枝幹，諸君子不過去君之罪，而遭炮烙殺戮之，囚奴幽辱之，絕君臣之道，罪之四也。

陛下聽姐己之陰謀，宵小之奸計，誑詐諸侯入朝，將東伯

侯姜桓楚、南伯侯鄂崇禹，不分皂白，一碎醢其尸，一身首異處，失信於天下諸侯，四維不張，罪之五也。

法者非一己之私，刑者乃持平之用，未有過用之者也。今陛下聽妲己之惡言，造炮烙，阻忠諫之口，設蠆盆，吞宮中之肉，冤魂啼號於白晝，毒焰障蔽於青天，天地傷心，人神共憤，罪之六也。

天地之生財有數，豈得窮財之力，擁爲己有？今陛下惟污池台榭是崇，酒池肉林是用，殘宮人之命，造鹿橋廣施土木，縱崇侯虎剝削貧民，有錢者三丁免抽，無錢者獨丁赴役，民生日促，偷薄成風，皆陛下貪剝有以倡之。罪之七也。

廉恥者乃風頑懲鈍之防，況人君爲萬民之主者？今陛下信妲己之狐媚之言，詿賈氏上摘星樓，君欺臣妻，致貞婦死節。西宮黃貴妃直諫，反遭摔下摘星樓，死於非命。三綱已絕，廉恥全無。罪之八也。（這事是指武成王黃飛虎之妻賈氏不堪紂王侮辱，跳樓而死。妹妹黃貴妃手打妲己二三十下後誤打了紂王一拳，給紂王摔下摘星樓而死。）

舉措乃人君之大體，豈得妄自施張？今陛下以玩賞之娛，殘害性命，斬朝涉者之脛，驗民生之老少，刳剔孕婦之胎，試反背之陰陽。百姓何辜，遭此荼毒？罪之九也。

人君之宴樂有常，未聞流連忘反。今陛下暗納妖婦喜媚，共妲己在鹿台晝夜宣淫，酗酒肆樂，信妲己以童男割炙腎命，以作羹湯，絕萬姓之命脈，殘忍慘毒，極今古之冤。罪之十也。

　　這麼無道的皇帝，卻是惡人無膽。當聞太師領西海九龍島的四位煉氣士王魔、楊森、高友乾、李興霸等朝見他時，他見王某生得面如滿月，楊某生得面如鍋底，高某生得面如藍靛，李某生得面如重棗時，竟然給嚇得魂不附體！

　　在武王伐紂的三十六個大戰役中，他的將士在前方吃緊，紂王卻在後方緊吃、緊喝、緊嫖、緊殺異己。這種行為留給後世當權者一個非常惡劣的壞榜樣，影響及於今日。不過，當武王軍臨朝歌時，他身穿戰甲，騎上戰馬，和各路諸侯親自拚了一回。最後兵敗瓦解時，他引火自焚，了結一生，多少還有一點一代奸雄、大丈夫的氣概。不像後世有些不偉大的領袖，不文不武，吃、喝、嫖、殺學到了，兵敗時，卻不懂得自焚，反倒惜命逃跑，修改國法，無恥地抓住權勢不放。

　　紂王在世時緊吃、緊喝、緊嫖、緊殺，一輩子過得很悶。他掌握國家大權，卻不知以民之所好好之，真昏庸無道也。最後弄得國破家亡，遺臭萬年。這種人生，真是下流無聊之至。當政者應潔身自愛，以他為鑑啊。

　　紂王死後給子牙封為神，是天上三百六十五位正神中的一個小角色，很失面子。可是，他名片上寫著「天喜星」三字，看來在天上，他還是惡性難改，照樣鬼混過日子，誤以無恥為樂事呢。這樣的一位暴君，死後當被鞭屍，姜子牙卻黑白不分，封他為神！唉，《封神榜》的錄取水準實在是太差太差了。

⑵ 談《封神榜》人物

妲己

　　妲己姓蘇，原蘇護之女，《封神榜》之女主角也。十六歲時受紂王的寵臣費仲、尤渾之設計，獻給紂王。不過小姐紅顏薄命，在還沒見到皇上前就死於一隻千年的狐狸精的手下，肉體爲狐狸精的魂魄所進駐。陪伴紂王度過多少風流歲月的是那隻狐狸精變的假妲己。

　　這位小姐烏雲疊鬢，杏臉桃腮，淺深春山，嬌柔腰柳，眞似海棠醉日，梨花帶雨，不亞九天玄女下瑤池，月裏嫦娥離玉闕。她啓朱唇，似一點櫻桃，舌尖上吐的是一團和氣；轉秋波，如雙鸞鳳目，眼角裏送的是萬種風情。當她口稱：「犯臣女妲己願陛下萬歲、萬歲、萬萬歲！」時，那紂王就給叫得魂遊天外，魄散九霄，骨軟筋酥，耳熱眼跳了。

　　蘇小姐本來的任務是遵照女媧娘娘的指示，到紂王宮中去迷惑君心，助武王伐紂成功的。不過，她卻心腸毒辣，煽動紂王，殘殺了許多生靈，其中且不少忠臣義士。以下是她的一些罪行。

　　周文王的大兒子邑考年靑英俊，面如滿月，目秀眉淸，唇紅齒白，語言溫柔，又精鼓琴。這妲己看了喜歡，再看紂王

時，但覺大是暗昧，甚不動人，就叫邑考教她彈琴。不過她醉女之意不在琴，百般挑逗，要坐邑考懷裏學琴。這邑考乃聖人之子，不爲所動。妲己「我本將心託明月，誰知明月照溝渠」，惱羞成怒，枕邊細語，向紂王獻反話，說邑考調戲她，甚無人臣之禮。唆使紂王著人用四根釘子將邑考的手足釘了，用萬刀將他碎剁成肉醬，然後煎成肉餅，叫人端給文王吃。唉，愛恨之間僅如薄紙之隔啊！

設炮烙，乃高兩丈，圓八尺的銅柱，在上中下設三個火門，裏面用炭火燒紅。但有妖言惑眾，利口侮君者將官服脫掉，用鐵索纏身，裏圍銅柱之上，炮烙其四肢。梅伯、趙啓兩位忠臣即受此酷刑而死。紂王卻讚美說此刑眞治國之奇寶也。

爲了除掉正宮姜氏的皇后位好讓自己取而代之，她設計刺客刺殺紂王，指刺客乃姜氏所使。無奈姜氏堅持粉骨碎身俱不懼，只留淸白在人間，不肯承認。妲己乃唆使紂王把姜氏一隻眼睛剜剔，用銅斗一隻，內放炭火燒紅，炮烙姜氏之手致死。紂王的第三夫人，馨慶宮楊貴妃女士見狀，心想正宮皇后尙且如此，自己只是個偏宮，前途茫茫，乃自殺而死。後來妲己又迫死二夫人，西宮黃貴妃女士。

妲己歌舞娛樂紂王時，有七十二名宮女沒有鼓掌叫好。紂王要用他最喜愛的「金瓜擊頂」法處死這些宮女，妲己認爲那不夠刺激，乃發明蠆盆，方圓二十四丈，深五尺，內養毒蛇。將這些宮女全身脫光，洗刷乾淨，然後堆入蠆盆中餵蛇。紂王又讚美說這是除奸之要法。

　　妲己令宮人與宦官撲跌，勝者賞酒，敗者視爲無用之婢，侍於御前，有辱天子，乃用「金瓜擊頂」法打死，好讓她半夜三更起來吃尸，以血氣養她妖氣。

　　除了設肉林酒海與天子玩賞之外，她還造了一個高四丈九尺的鹿台，上造瓊樓玉宇，殿閣重簷，碼瑙砌就欄杆，寶石明珠粧成樑棟，供她與天子享用。這個工程十分的浩大，姜子牙估計要三十五年才能完工。她就指子牙胡言欺王，要用「金瓜擊頂」法致子牙於死地。子牙逃掉後，工程由歪哥大臣崇侯虎接辦，崇乘此良機，大賺一筆，三丁抽二，獨丁赴役，讓有錢的買閑在家，沒錢的任勞累死。結果萬民驚恐，日夜不安，老老少少累死者不計其數。工程在兩年四個月就趕完工了。大臣楊任上諫說這工程勞民傷財，楊的兩隻眼睛就給挖掉了。

　　她假裝心病，唆使紂王殺親叔叔亞相比干，說比干有玲瓏七竅之心，用以煎藥，可治心病。比干死後，文弱書生夏招忍耐不住，從鹿台上拿了一把劍要刺紂王，可惜紂王閃過，反令武士抓他，夏招一跳，撞下鹿台，可憐粉身碎骨。

　　一日，她和紂王飲酒賞雪時見一老者提腳跟渡水，不甚懼冷，而行步且快。又見一少年，也提腳跟渡水，卻懼冷行緩。妲己說老者乃少年父母精血正旺之時，交媾成孕，所秉甚厚，故精血充滿，骨髓皆盈。少年怕冷，乃末年父母，氣血已衰，偶爾成孕，所秉甚薄，精血既虧，髓也不滿，雖然是少年，形同老邁，故遇寒而畏怯也。紂王即令人斬兩者之腳跟，以驗妲己之言。

　　妲己又說能斷孕婦腹中嬰兒之陰陽，頭臉之朝向。乃取三名孕婦破腹驗之。箕子諫之，被囚之爲奴。她指三個孕婦之腹曰：腹中是男，面朝左脅；腹中是男，面朝右脅；腹中是女，面朝後背。用刀剖三婦之腹，果然不差。紂王龍心大悅。

　　東伯侯姜桓楚因她給紂王用大釘釘了手足，再用亂刀碎剮，叫做醢尸。她認爲凡是上諫者即是侮謗聖君，罪在不赦。朝中許多重臣，如膠鬲、商容、太師杜元銑……等等全都因諫而死。

　　這位人間罕見的妖姬最後終於死於子牙的劍下。不過，她這段令人心驚膽破的一生，我們都不要忘記，讓後人清楚所謂歷史悠久、文化發達的文明古國的一面。

⊙ 談《封神榜》人物

三皇

　　三皇即天、地、人三皇帝主，指神農氏、伏羲與黃帝這三位年紀比盤古小的古人。《封神榜》裡說他們住在火雲洞，《西遊記》內面牛魔王的兒子紅孩兒也是住火雲洞。大概當年房地產價錢高時三皇把這洞賣給紅孩兒了。總之，這三個傢伙一個生於五百萬年前，一個生於一萬年前，一個生於四千七百年前。老中青三代，年紀相差那麼大，能和諧的住在一起，實在是不簡單，不簡單。伏羲的夫人女媧娘娘似乎沒跟伏羲住這火雲洞，他們的婚姻該不會亮起了紅燈了？女媧娘娘是婚姻制度的創始者呢！

　　三皇接客時，神農氏坐在左邊，身上披葉蓋肩，腰圍虎豹之皮，很酷。年紀最大，頭頂上長有雙角的伏羲的地位最高，坐在中央，也很酷。神農氏稱呼他叫皇兄，他稱神農氏叫御弟。黃帝坐在右旁，穿帝服，不那麼酷。這黃帝年紀最小，資歷最淺，很文靜，默默無語，在《封神榜》裡沒說過一句話。

　　神農氏俗稱神農大帝、五谷先帝、開天炎帝、先農、粟母王、五穀王、藥王大帝、或先帝爺，就是傳說中那位親嘗百草製藥，教人種五穀的那位老兄啦。

　　世界上最早懂得種五穀的是敍利亞人，在一萬年到一萬一千年前開始的。這位神農氏應該是敍利亞人了。我們不知道他什麼時候移民到東方來了？移民到東方的他，運氣實在是好，很多功勞都糊裡糊塗地記到他身上了！

　　傳說這神農氏生而有異相，肚子玲瓏透明，所以可以在試嘗百藥時看草藥在肚子裡的效應，然後作治病之用。又傳說因為他後來吃了䚿子，致使肚皮變黑，才無法繼續看肚皮做藥物實驗。不過在肚皮變黑前，他已經試驗過很多很多的草藥藥方了。後人真會替這位古人打圓場，擦屁股啊。那時連甲骨文都還沒發明，他如何把這些藥方記錄下來呢？阿斯匹靈，不知道，基本藥物學，沒修過學分，可是這位身上披葉蓋肩，腰圍虎豹之皮的野人竟然給我們這些現代的文明人捧為藥王大帝。難道說現代的醫學輸給這位一萬年前的野人，怪怪怪。或許，我們都該把衣服脫掉，改穿樹葉樹皮哩！

　　《封神榜》裡出現兩回的生物戰(Biological Warfare)。兩回可都因神農氏的出面，才沒造成嚴重的災害呢。

　　第一回是紂王征伐西岐時，九龍島聲名山的煉氣士，生得面如藍靛，髮似硃砂，長三隻眼睛，平時愛穿大紅袍服，作戰時騎金眼駝，手提寶劍，能現三頭六臂的呂岳所規劃的。你看在一更時，他叫身高皆一丈六七的手下東方使者周信、西方使者李奇、南方使者朱天麟、北方使者楊文輝等，每人拿一葫蘆的瘟丹，用手往子牙城中按東西南北灑到三更。這些毒丹俱入井泉河道之中，西岐滿城凡飲水的，皆遭遇此災，常人六七日該死。各位，你說西岐人那個能不飲水過日子的？這種滅絕整

城人的作法是多麼的惡毒啊！

　　姜子牙的道友，玉鼎眞人看到這種情形，著了急，趕緊叫徒弟楊戩求救於三皇。伏羲老大見狀，謂神農氏曰：「御弟不可辭勞。」神農氏答說：「皇兄此言有理。」於是起身入內，取了丹藥，付于楊戩。吩咐說：「此丹三粒，一粒救武王，一粒救子牙門人，一粒用水化開，用楊枝細灑西城，救百姓。」神農氏又傳了一把柴胡草併丹藥給楊戩，叫他用此醫治世間的傳染病。

　　第二回是子牙征伐紂王的軍隊抵達潼關時，守潼關的主將余化龍的第五個兒子余德所規劃的。原來這余德在海外出家，那天恰巧回家探親。他看到父親與子牙對陣，就把在海外學到的生物戰術應用上了。你看他和四個兄弟分別站在五個青、黃、赤、白、黑色的手帕上，然後取五個小斗，一人拿一個，叫兄弟們將斗中的毒痘灑到子牙營內。第二天，子牙兵營六十萬人馬就人人發燒，個個得痘；三天之後，人人長出顆粒，不能動彈了。若等到第七天，大家便都得互道珍重，祝福來生再見了。也是玉鼎眞人叫楊戩求救於三皇。也是神農氏同意伏羲的高見，給三粒丹藥。這回伏羲說一粒救武王，一粒救子牙，一粒用水化開，在軍前四處灑過，毒氣自消。楊戩問這病何名，伏羲答曰痘疹，是一種傳染病。神農氏又傳升麻給楊戩，好醫治世間的傳染病。

　　在《封神榜》裡，類似這種重複性的故事出現了好幾次。這是作者的寫作技巧遠遠輸給《西遊記》作者的地方，《西遊記》裡很少出現這種情形。為什麼救武王，救子牙或子牙的門

人得花一粒丹藥，救全西岐的城民，救子牙的六十萬大軍卻一
粒就夠了呢？這種處理法非常的不合理吧！呂岳手下和余化龍
父子後來都死於子牙的大軍之下，死後分別給子牙封爲瘟部正
神與五方主痘正神。手段這麼殘忍的東西死後竟然給封做神！
我們民間所拜的，到底有多少德性差到這種地步的神呢？台灣
人啊！拜神該選品行好些的來拜啊！

　　台灣的神農廟有很多，廟裡神農氏的臉有文臉、赤臉與黑
臉三種。赤臉的是供農民、雜穀和米商拜的；黑臉的則給中
醫、藥商拜。農民若搞錯，拜黑臉的，鐵定是無法期待五穀豐
收的。相反的，求藥的若搞錯，拜上赤臉的，那個藥籤是保證
不靈了。或許年紀已高的神農大帝，每天上班時都得特別小
心，搞清楚進來拜的每一個信眾的行業而隨時換顏色適當的面
具戴！或許神農老頭已經老昏，確實是不行了，否則一八六〇
年代單單鹽水地區，霍亂就橫行了二十幾年，每年平均死亡五
百人以上。過去六十年好了，我們經歷過許許多多的流行性感
冒，流行性肺炎，肝炎，性病，愛滋……他藥王大帝怎麼不曾
伸出援手呢？

　　除了神農大帝、先帝爺、藥王大帝、五谷先帝……這些頭
銜，他又是個火官，即古代的火正。因爲他在上古時代曾修德
鎮兵，治五氣，因而以火德王，主要是王者受命，當值五行之
火。這些沒人看過的東西，本來就很好發揮。把這些東西抄在
這裡，我們其實也不明白到底是在說些甚麼？

　　神農大帝的皇兄伏羲，在《封神榜》裡給稱呼爲闢天開地
太昊皇上帝。原來，這伏羲正是盤古的女婿，女媧娘娘的夫

婿，怪不得闢天開地有他一份。不過，這個稱呼又讓我們搞不清楚他到底是不是和昊天上帝是同一個傢伙。因為我們從《封神榜》裡知道昊天上帝和王母娘娘有一腿，兩人合作生了一個叫龍吉公主的女兒。這伏羲若真的是龍吉公主的父親的話，那麼他就是娶了大某又娶了細姨，享齊人之福的傢伙了。哼，頭上長角的動物！

原來《封神榜》裡有命仙首稱臣，設立「封神榜」的昊天上帝，伏羲這位太昊皇上帝，另外上面所提到的那位呂岳死後給姜子牙封為主掌瘟瘟昊天上帝之職。昊來昊去，昊得令人頭大。

另外，又有昊天上帝乃玉皇大帝的俗稱的說法。於是玉皇大帝又是王母娘娘的先生，龍吉公主的生父了。玉皇大帝在「封神榜」時代已經是二億二千六百八十多萬歲的糟老頭，那來生育能力？那王母娘娘當時的芳齡又是幾何呢？啊，反正都是胡說八道，我們無從做什麼嚴密的考證吧！

倒是《封神榜》裡，有一段周文王引伏羲帝的談話相當有意思。帝曰，鮮食皆百獸之肉，吾人饑而食其肉，渴而飲其血，以之為滋養之道，不知吾欲其生，忍令彼死，此心何忍？我今不食禽獸之肉，寧食百草之栗，各全性命以養天和，無傷無害，豈不為美？

因為伏羲帝本人的頭頂生了兩隻角，不知是什麼動物得道，惺惺相惜，他有這種見解是可以理解的。三皇之中，伏羲的地位最高，可是大概因為這頭上的角，要當中華民族的祖先，就不好看相了。

　　黃帝，就是軒轅皇帝啦。《封神榜》裡傳說他破蚩尤於北海時開過一部相當高科技(High Tech)的七香車。人若坐在上面，不用推引，要東則東，要西則西，十分方便，而且不必喝汽油！又說李哪吒在陳塘關的城樓頂把一枝他破蚩尤後，流傳到商朝末年，重得沒人舉得起的震天箭舉了起來，又將之射了出去，結果誤射射死了不知幾百或幾千里外的石磯娘娘的徒弟。重得沒人舉得起，又讓哪吒給舉起，廢話。

　　在子牙的封神台受理給子牙等殺死的鬼魂報到註冊，以備日後被封爲神的則是這軒轅皇帝破蚩尤時的元帥柏鑑先生。那隻變做妲己的千年狐狸精和她的姐妹雉雞精、玉石琵琶精在跑去迷惑紂王前則是在軒轅墳墓裡討生活的。

　　除了這四件事和他相關外，這個頭上沒長角，身穿帝服，沒神農氏、伏羲帝那麼酷，從不開口說話，恬恬吃三碗公半的黃帝卻糊里糊塗地給選定爲中華民族的祖先了。不說話的他這下可樂得嘴巴五千年都合不來，更不必要說話了。

　　另外，《封神榜》裡在棋盤山有一座軒轅廟。廟裡有兩尊泥塑的鬼使，名千里眼與順風耳。棋盤山的桃樹精高明和柳樹怪高覺托他們的靈氣，竟也能目觀千里，耳聽千里。千里之外，不能視聽也。子牙和他們對陣時，和手下將士們討論的軍事機密，就全都戰前爆光了。後來，虯玉鼎眞人叫子牙派人去將軒轅廟的二鬼泥身打碎，使靈氣斷絕。高明高覺二怪失去先得敵方軍機的優勢後，終於爲子牙的打神鞭所殺。

　　這兩位泥塑的鬼使不是就這麼報銷完結了嗎？不是的。

《西遊記》的作者看上他們一個眼力好，一個耳朵靈，實在有夠好用，就加以發揮，安排他們到玉皇大帝底下做調查局的情報員去了。孫悟空在花果山出生這事，就是這兩位仁兄打開南天門，一看看得明，一聽聽得清，報告給玉皇大帝知道的。此時也，他們的視力、聽覺又已不止千里了。

　　經《西遊記》的作者這麼發揮之後，繼續做拷貝的人就多了，君不見這兩位青面獠牙，長相難看的傢伙又給安排到所有的媽祖廟裡，幫媽祖服務去了嗎？

　　傳說是這麼傳的：金柳二將軍（有姓無名？）生於宋太宗太平興國年間。住在福建湄洲西北方之桃花山。個子高大，一呈紅臉，一呈青臉。金將軍綽號千里眼，生成一對火眼金睛，能遠視千里以外的東西。柳將軍綽號順風耳，耳朵精靈，能聽千里以外的聲音。據傳說，他兩人因懷此特長，故目空一切，在桃花山上不務正業，游手好閑，白天睡覺，夜間出遊，滋生事端。後來正適湄洲媽祖欲找手下來供差遣，乃前往桃花山，降服二位，收為部將。

　　這樣子，台灣人在拜媽祖之後，所有的隱私權全都爆光了。從此，台灣人吃飯、睡覺、洗澡、大小便、擦屁股、夫妻恩愛、說悄悄話，全都給他們看到聽到了。這事若是真的話，那台灣變成多麼恐怖的地方了，還能住嗎？若不是真，那我們拜他們做什麼呢？啊，《封神榜》傳說，《西遊記》傳說，《媽祖傳》又是傳說，單憑傳說就把台灣人給害慘啦。

　　除了台南佳里的崇榮堂拜黃帝外，台灣人對這位身份大

有問題的古人不太買帳，所以拜他的廟不多。不過，中國人到台灣後胡說八道，灌輸什麼大家都是他黃帝的子孫的邪說，不倫不類，搞得集體中毒至深。

⊘ 談《封神榜》人物

三界公

　　三皇指天地人三皇帝主。很多廟的屋頂樑上，經常看到三仙老公仔標站在那裡淋雨晒日的則是有官階者拜的福祿壽或一般民間拜的財子壽。三界公則指天地水三界之公，又稱三官大帝，乖乖乖。

　　歷來對三界公何許人也有很多不同的說法。《神仙通鑑》說天官，堯也；堯定天時，以齊七政，故爲天官。地官，舜也；舜劃十二州，以安百姓，故爲地官。水官，禹也；禹治大水，以奠民居，故爲水官。這三界公算來是天界之神，向直屬長官玉皇大帝報告的，理當待在天上。可是他們喜歡台灣，在許多台灣的廟裡都陪著長官，或旁邊或前頭，坐在一起，形影不離，非常親密。不過，很多他們的神像，嘴臉長得卻像極了，又留著同型同長的鬍鬚，叫我們眞難認辨那一位是那一位。其實不把他們誤認爲三皇、福祿壽或財子壽就很不錯了。

　　傳說天官主降福，地官主生財，水官主解厄。假如是眞的話，那麼拜三官大帝是很划得來的，我們就該集中精神好好來拜。拜其他諸神明也都成爲多餘的了。

　　三官又有等於是上中下三元的說法。這說是這樣說的：上

元賜福天官，爲一品紫微大帝。中元赦罪地官，爲二品清虛大帝。下元改厄火官，爲三品洞陰大帝。不過，《神仙說》則說元始天尊有三個兒子。長子住上界，賜福天官，管理神界。次子，玉皇上帝，稱紫微大帝，爲上界之王。三子，清虛大帝，稱三官大帝，爲下界之神。元始天尊和玉皇大帝牽涉到的問題很大，我們以後再談論。

　　堯帝姓伊，初名放勳，傳說他生而有異相，眉有八彩，耳有三漏，居智如神，居仁如日月。爲帝之時，天下猶未平，洪水橫流，氾濫於天下，草木暢茂，鳥獸繁殖，五穀不登，禽獸逼人。堯獨憂之，舉舜而治焉。又有傳說說當時之前，百姓之工作無分日夜，子午無分不休，半夜工作者有之。日不分三餐，一日兩餐者有之。堯愛護百姓，規定使良民一日三餐，子午兩時歸宿，避免正午夏暑焰熱，使農作休息，夜歸起睡，日出而作，日入而息，測定四時，分春夏秋冬四季，測定一年十二個月，剛爲三百六十日不和，再設潤月，三年一潤，克合天地循環也。堯是個天文學家呢？還是後人幫他圓滿，幫擦屁股呢？

　　一方面說洪水橫流，五穀不登，一方面又說什麼堯天舜地！到底眞相如何啊？

　　在地球的生命史上，在臭氧層形成之前，地球表面承受了大量來自太陽的輻射線，使得高等生物如人類者無法出現。等到這臭氧層構成一定的濃度，吸收了大量的太陽的輻射線之後，高等生物才有機會生存下來。如今，經過近三百年的工業革命，近代文明，這臭氧層竟已破了個大洞。天官堯帝是怎麼

幹的，爲何讓這問題惡化了三百年，直到今天這個不可收拾的地步？哼，不稱職！

堯掌帝位七十二年，生了九男二女。後來把長女娥皇、次女女英嫁給舜爲妻妾。一輩子都在幹皇帝，那麼好命！生那麼多孩子，製造人口壓力問題！哼，這兩個傢伙一開頭就把婚姻制度給搞壞了！

舜姓姚，名重華，也是生有異相。不過他這異相只是目有重瞳而已。他出生於諸馮地方，後來搬到歷山去住。傳說他在歷山種田之時有象爲之耕，鳥爲之耘，年年豐收。堯年老後，舜幫他主管朝廷達二十八年。堯崩三年後，舜欲把帝位還給堯之子。不過當時天下庶士爭吵，朝廷諸侯文武不依，舜不得已，將就繼續幹皇帝，總共幹了六十一年。

舜當了地官，對一九三五年四月二十一日的新竹、台中的大地震，一九四一年十二月十七日的嘉義大地震，一九九九年九月二十一日的南投大地震難道不必負責任？桃芝等大小颱風帶來了土石流……他，這地官是怎麼幹的？哼，不稱職！

禹帝姓姒，名文命。受舜之薦於天下十七年。他的專長當然就是治理洪水了。他治水是有戰略的，先用一根定尺將江海的深淺都測量好了，然後對症下藥。不過他戰略好，戰術卻很差。也許是治水治昏頭了，他捨普通竹竿不用，捉狂使用一根一百多人才舉得起，重一萬三千五百斤的黑鐵當定尺，怪不得把治水的時間拖了那麼多年。舜崩三年後，禹避舜之子於陽城，不過朝廷中的文武百官不滿舜之子，乃舉禹爲帝。

禹既然幹上水官大帝，那麼對幾十年來的八七水災、八一

水災、賀伯颱風、巴比絲颱風、近年的桃芝颱風、納莉颱風所帶來的水災，所損失的人命、財產，他有何檢討呢？哼，不稱職！

除了幹水官大帝，航海人家所拜的五個水仙尊王中的一個成員也是他。《西遊記》裡說，禹治洪水後，用於定江海深淺的那根定尺放在東海龍王那裡。三千多年來，一直都放在那兒，無路用，也重得沒人拿得起。後來，孫悟空給看上了，拿了去當隨身武器，就是那根著名的如意金箍棒了。奇怪，那如意金箍棒不是可長可短，沒個準嗎？怎能拿來測江海的深淺呢？唉，古人說的話能聽的實在不多。

當周文王在造訪子牙途中，聽到有人說「洗耳不聽亡國音」這種話。他就說，昔堯有德，生不肖之男，恐失民望，私行訪察，要讓位與賢。一日行到山僻幽靜之鄉，見一人倚溪臨水，將一小瓢兒在水中轉。堯問之。那人說，我看破世情，了名利，去家私，棄妻子，離愛慾是非之門，拋紅塵之徑，避處深林，薑鹽蔬菜，怡樂林泉，以終天年，平生之願足矣。堯聽了大喜，曰我乃堯，今見大賢有德，要將天子之位讓爾。其人聽了，用兩手掩耳，跑到溪邊洗耳。正洗之間，又見一人牽一牛來吃水。那人只管洗耳，其人曰此耳有多少污，只管洗？那人洗完曰，適才帝堯讓位與我，把我雙耳污了，故此洗了一會，有誤此牛吃水。其人聽了把牛牽至上流而飲。那人曰為甚事便走？其人曰水被你洗污了，如何又污牛口。

很多年後，某國有叫連亂戰，叫宋興票的，都不是什麼賢人，卻一心一意想稱帝，想繼承法統，比起古時那位牽牛童仔

(Cowboy)真是差遠了。聽說該國的百姓一聽這兩位買票家的競選演說時，全都跑到溪邊洗耳去了。可惜該國的百姓不知道手也要洗。此是後話，表過不提。

　　《封神榜》裡，妲己的爸爸蘇護先生跟部下鄭倫先生有一段非常重要的談話，可以用來澄清有關堯舜禹的讓位問題。這段話這麼說：「昔堯帝之子丹朱不肖，堯崩，天下不歸丹朱而歸于舜。舜之子商均亦不肖，舜崩，天下不歸商均而歸于禹。」看來那個什麼禪讓政治根本是近世人杜撰出來騙人的。不是堯舜不把帝位讓給自己的兒子，是天下人不讓他們把帝位讓給自己的兒子。古時皇帝沒私心，不可能！大禹王把帝位讓給自己的兒子，那才自然而真實。數千年後，類似的事情又重演了，溥儀不得已把帝位讓給孫中山，孫中山不得已把帝位讓給大愚王，大愚王把帝位讓給自己的兒子。

　　台南永康的禹帝宮拜大禹王，新竹關西的太和宮拜三界公。台灣人是很愛拜三界公的。不過，整個台灣來講還是以拜近代三界公中的孫中山和大愚王的為多。古今新舊三界公，減掉溥儀不成公，變成五界公大車拚，拚得風雲變色，日月無光，天下大亂。啊，全都是不稱職的死鬼，免拜也罷。

⊕ 談《封神榜》人物

周文王

　　周朝的開國皇帝周文王，名姬昌。《封神榜》裡說他有四奶，二十四妃，生了九十九個兒子，後來又收了一個叫雷震子的，總共一百個兒子。四奶應該是說他有四個皇后，不是兩個吧！他的兒子當中有三十六個習武，紂王幾次征伐西岐時死了十八個，損失慘重。他自己則很會活，九十七歲才壽終。

　　《封神榜》裡把文王描寫成聖人，他兒子則是聖人之子，對他敬佩非常。他治下的西岐給說成堯天舜帝的天下。說在他那裡，行人讓路，道不拾遺，夜無犬吠，萬民安生樂業。犯罪的人，畫地為牢，豎木為吏，沒人會也沒人敢逃跑。因為他善於卜卦，犯罪逃跑的，經他一卜，就知道是誰，抓到後加倍處罰。

　　所謂堯天舜帝的天下應該是有心人編出來麻醉騙人的。那是人心中無力的吶喊，無望的嚮往！古人的生產力比今人差，物質普遍缺乏，生活條件貧困，弱肉強食才是真的，什麼行人讓路，道不拾遺，夜無犬吠，萬民安生樂業，全是廢話。古時，人口密度較低，路上行人不多，又沒汽車，不必讓也不會構成交通問題。因為每人的所得不多，根本沒什麼可遺道上

的，在道上可拾的遺自然不多。三餐溫飽都得計較，那來閒功夫養狗。沒多少狗，晚間當然沒狗叫的聲音了。犯罪的不敢逃跑，怕給抓後加倍處罰，那才較像人話。

他對後世影響最大的應該是他那個文王卦了。他把伏羲八卦演成八八六十四卦，重爲三百八十四爻，內按陰陽消息之機，週天刻度之妙，作爲周易。可惜我們不懂那八卦周易，不知其中是不是眞有牛肉？

他被紂王關在監牢裡關了七年。得赦後，不知好歹，準備遊街三日，慶祝一下。要不是武成王黃飛虎勸他趕緊遠走高飛的話，恐怕又會給變化莫測的紂王再抓回牢裡。果然他走後，紂王的追兵就到了。你看他一見後面塵土飛揚，一聞人馬喊殺之聲，就嚇得魂飛無地。逃命途中，他遇到長大後的雷震子，見雷長相難看，他就給嚇得魂不附體。原來雷是會飛的人物，見雷飛到空中時，文王又給嚇得一跤跌在地上。爲了阻止紂王的追兵，雷用手中的棍子把附近一座山打下了一角，嚇跑追兵。文王見了，就又順便給嚇昏了。子牙斬崇侯虎父子時，文王看到了，同樣也給嚇得魂不附體。……啊！大聖人，膽子可很小呢。

文王膽小事小，重要的是他非常注重人才。當他聞知有個賢人叫子牙時，就學神農氏拜常桑，軒轅氏拜老彭，黃帝拜風后，湯拜伊尹的禮儀，沐浴齋戒了三天才去拜會子牙。他死後，子牙果眞幫他兒子征伐紂王，完成周朝開國大任。執政者，加油，惟人才是用爲重啊。

文王沐浴齋戒了三天才去拜子牙這件事令我們想起一九

九八年八月十五日的一件事。那天，南投縣舉辦了一個號稱
全球難得一見的千僧護國祈福消災的大法會。有一千二百個
平時不問政治的和尚、尼姑，和五萬個信眾參與。從電視上
我們也看到當時的副總統連戰穿一件和尚穿的袈裟，參與這
個盛會，在會上演講。

　　上午七點四十分，全場信眾唱誦南無本師釋迦牟尼佛的
梵唄聲中仰請千僧入坐。由法會主任委員南投縣長彭百顯持
香案引領數十位護法功德主引請惟覺老和尚等五位主法大師
升坐，祈誦仁王般若經。

　　十點四十分許，副總統連戰來到大法會場，大會以很不
適宜的迎請「得道高僧」的佛教大禮待之。全場鐘鼓齊鳴，
由總主法惟覺老和尚親自到山門迎接，連戰也虔敬莊嚴地以
法會儀軌迎請……極盡做秀之能事。

　　連戰致辭時指出佛教教主釋迦牟尼佛有一千二百五十位
常隨眾，四處弘法度眾，今日大會的千僧雲集彷彿昔日釋迦
牟尼佛靈山再現，是近代未有的大事，也是全世界難得一見
的佛法盛會。各寺廟參與更加功德殊勝。藉由法會誦經祈福
祝願在大眾的清淨心、歡喜心、慈悲心下感獲三寶，慈光加
被，龍天護持，風調雨順，國泰民安……

　　連戰大概是在匆匆忙忙中收到參加這次盛會的請帖，來
不及剃光頭，來不及吃三日齋，來不及洗三次澡。你看他滿
頭黑髮，滿面肥肉，清清彩彩穿了一件出家人的袈裟，就趕
去參加這場大法會，講得嘴巴全波了。他這個似僧非僧，不
三不四的打扮，他那口是心非，毫無誠意的演講，……實在

是很難令我佛感動啊。果然次年，南投就發生史上最大的大地震了。看來，這種護國祈福消災的大法會不能隨便舉行，演講者也不能亂請沒真的得道的「假高僧」。

文王朝中有三樣寶貝，叫七香車、醒酒毯、和白面猿猴。七香車就是軒轅皇帝破蚩尤於北海時開過的那部人若坐上面，不用推引，要東則東，要西則西的高科技車。這七香車而且不必喝汽油呢！酒醉的若臥到醒酒毯上，不消時刻即醒。那白面猿猴雖是獸類，善知三千小曲，八百大曲，能歌善舞，迎接貴賓，十分方便。

文王在紂王那裡坐牢時，妲己殺了他的兒子邑考，然後將邑考的肉打碎了煮成三個肉餅叫他吃。他雖然從卦裡知道那是自己兒子的肉，卻為了不讓紂王起疑心，忍痛吃了。回西岐後，想起此人間慘事，使他心中大痛，淚如雨下。後來從口中吐出三塊肉餅，那肉餅就地上一滾，變成三隻兔子走了。

他朝中那三樣寶貝，醒酒毯可能是毯子上置了釘子什麼的，人臥上去，因痛即醒，尚稱合理。另外兩件就純然是胡說八道的了。文王食子之肉，心中悲痛，也令我們感到同悲。不過，他吐出的肉餅，變成兔子走了，就太鬼扯了。其實，整本《封神榜》不是絕大部份都在鬼扯嗎？

文王的一些事跡，我們雖然不盡苟同，然而有一個相關於他的故事倒很有意思。一天，他朝中的大臣和他出城打獵，那些手下幫他做了一個圍場。他就舉昔日伏羲帝不食百獸之肉，寧食百草之栗的例子，令手下將圍場拆了。數千年

前就有這種不忍殺動物的高超情節，文王這個人是很不錯的了。他那裡的百姓能安生樂業，也值我們稱許。不過，他娶四奶，二十四妃，生了九十九個兒子，破壞婚姻制度，製造社會問題，製造人口密度增高的壓力，則令人不齒。

⑨ 談《封神榜》人物

紂王的朝野大臣

　　紂王的朝野，人才很多，文足以安邦，武足以定國。不過，好的文官武將雖多，壞的奸臣寵將也不少，良莠不齊啊。底下我們就來看看他朝野的群臣，這些群臣大致可以分為三個類型。

1.忠臣

　　由於紂王的昏庸無道，天下諸侯群起而攻之，紂王的政權岌岌可危。他朝中憂國憂民的很多大臣卻都能以國事為重，紛紛起立，明諫於紂王，所謂亂世出忠臣也。可惜紂王沒能遷善改過，沒能跳出昏庸無道的陣營。

　　執掌司天台，就是近代的天文台的官員杜元銑因為夜觀乾象，見妖氣籠罩宮庭，災殃立見。就奏於紂王，請紂王靖魅除妖，以安宗社。紂王卻指他妖言惑眾，命令斬首。

　　杜元銑被判死刑後，上大夫梅伯為他打抱不平。紂王命人將梅伯炮烙致死。

　　首相商容因紂王昏庸無道而辭官。後來又因不忍心看到國家將亡，跑回去明諫。紂王要以「金瓜擊頂刑」致他於死地。

這位年紀七十五的老臣不堪受此侮辱，以頭擊龍盤石柱，自殺而亡。

老商容死後，上大夫趙啓接下去辱罵紂王，也遭炮烙而死。

上大夫膠鬲見紂王把七十二名裸體宮女推入蛇窟餵蛇，乃啓奏於紂王。紂王正欲觀賞裸體宮女餵蛇慘死取樂，經膠鬲這麼一諫，甚覺沒趣，大怒曰，侮謗聖君，罪在不赦，命人將膠鬲推下餵蛇。膠鬲不堪受這種侮辱，跳樓自殺而死。

紂王聽信妲己的妖言，要造鹿台，高四丈九尺，上造瓊樓玉宇，殿閣重簷，碼瑙砌就欄杆，寶石明珠粧成梁棟，供他享受。上大夫楊任因為這工程浩大，勞民傷財，問題大條，上而諫之。紂王聽了大怒，曰：「把筆書生，焉敢無知，直言犯上？」命人將楊任的兩隻眼睛給挖了。

亞相比干謂，為人臣者不得不以死爭，向紂王強諫。紂王曰：「聞聖人心有七竅。」破比干之心觀之。又將比干之心煮湯供妲己吃了治病。

比干死後，下大夫夏招氣得擋不住，拿了把劍往紂王身上刺去。文武全才的紂王將身一閃，反命武士將夏招拿下。這位文弱書生說：「不必了！」縱身往鹿台一跳，墮台而死。

紂王斬了一個老人和一個少年的腳跟，以驗妲己所謂老者骨髓飽盈，少年骨髓不滿之言。又剖三個婦人之腹，以驗妲己所猜嬰兒在孕婦腹中姓別之陰陽，頭臉之朝向。箕子諫之，給置監囚幽辱之。微子見了，大哭之餘，兄弟兩人搬往他鄉，隱姓埋名，以了餘生。甚至到最後關頭，紂王準備自焚的前一

刻，宮中的一位小官朱昇竟也先紂王一步，自投火中死節，
送掉小命。

　　武的方面，碧遊宮金靈聖母的徒弟聞太師，身懷五行大
道，能移山倒海，聞風知勝敗，嗅土定軍情，真大將之才
也。他忠心耿耿，見紂王昏庸，也曾上書諫駕，陳述十策。
後來又替王分憂，率三十萬大軍征伐子牙，可惜身先士卒，
死而後已。

　　除外，受命伐西岐的張桂芳兵敗後，自盡殉職。汜水關
的總兵韓榮的兩個兒子，穿雲關的主將余化龍的五個兒子全
都盡忠職守，戰死於子牙軍前。韓榮、余化龍兩人在兒子全
部壯烈犧牲之後，也都自殺殉職，可謂二門忠烈，令人讚
嘆。澠池縣的總兵張奎也是盡忠職守，死於職上。《封神
榜》裡身材最高，身高數丈，力能陸地行舟，頓餐隻牛的莽
漢鄔文化也能在黑夜裡劫子牙之營，使子牙軍兵折了二十多
萬，將官損了三十四名，造成子牙出師以來最大的敗仗。後
來，他被子牙設計在一個小山口給燒死了……

　　伯夷、叔齊這兩位清高志士不恥子牙逼死紂王，認為那
是以暴易暴，不知其非也。武王開國後，兩人拒食周粟，大
概連水都沒喝，七天之後竟都餓死於首陽山了。

　　唉，紂王的朝野有這麼多的忠臣義士，紂王不知珍惜，
竟然導致到國破家亡的地步啊。

　　有一件事特別需要提到。比干死之前，因服了姜子牙所
給的符仔，得以沒心而多活片刻。目前台灣竟然有人因此說
他是個沒良心的人，最能保佑人賺偏財而拜比干。啊，比干

一生忠厚耿直，大義凜然，地下有知，豈不痛哭流涕乎？

2.倒戈人員

有許多紂王朝野的大臣是紂王迫反的。東伯侯姜桓楚的小妹，姜氏，就是紂王的正宮皇后，給妲己害死後，紂王怕東伯侯造反，乃誘騙東伯侯進朝歌，用大釘釘其手足，再用亂刀碎剮其屍，名叫醢尸。東伯侯的兒子姜文煥就造反了。

紂王怕有勢力的南伯侯鄂崇禹串連東伯侯造反，也誘騙南伯侯進朝歌，將他斬了。南伯侯的兒子鄂順也就造反了。

妲己害死姜皇后後，皇后的兒子殷洪和殷郊要為母親報仇。紂王卻先下手為強，命人殺二子，以絕後患。鎮殿將軍方弼、方相二人看不過去，就背負二位殿下反了。

紂王造鹿台，高四丈九尺……叫子牙督建，子牙上諫曰不宜。紂王要將子牙醢尸，磨成細粉。子牙設法逃命，投往西岐。

武成王黃飛虎的夫人賈氏不恥紂王的侮辱，跳樓自殺死了。他妹妹，就是紂王的第二宮皇后黃貴妃女士誤打了紂王一拳，就給紂王推下摘星樓摔死了。武成王忍無可忍，也反了。飛虎的父親，黃滾老將軍，小弟飛彪、飛豹，虎子天祿、天爵、天祥，義弟、家將等人馬三千也全都跟進。這武成王作戰時騎一隻五色神牛，非常勇猛。到西岐時，周武王將他在商紂鎮國武成王的頭銜改了一個字，叫開國武成王。果然後來黃飛虎一家，老中青三代對周朝的開國立了不少豐功偉績。晉才楚用，此之謂也。

冀州侯蘇護因女兒妲己被迫獻給紂王後，違父母之訓，無端作孽，迷惑紂王，無所不為，怕天下諸侯取笑於他，乘受命伐子牙時也反了。反了後，手下大將鄭倫、他自己的兒子全忠也都一起靠邊站了。

有很多紂王的守關主將是因戰敗後，受周武王重用而倒戈的。如：鄧秀、鄧九公、太鸞、趙昇、孫焰紅、晁田、晁雷、洪錦、季康、趙丙、孫子羽等等。其中最有趣的是洪錦。這位洪將軍受命征伐西岐，結果卻和子牙的手下女將，就是那位昊天上帝和王母娘娘生的龍吉公主結婚，婚後倒戈，變成子牙這邊的人了。

又有心存「良禽擇木而居，賢臣擇主而仕」的想法，棄商紂投西岐的。如：守界牌關的主將徐蓋根本無心戀戰；在百萬軍中取上將首級如囊中探物的崇黑虎；受命到臨潼關征伐子牙，卻郎心早已投周的鄧昆、芮吉；陳塘關的總兵李靖等等。像李靖在歸周之前還殺了紂王的大將羅宣，做為晉見子牙之禮，真是要命啊。

這麼多將士倒戈，紂王卻沒有一點檢討的能力！這場仗怎麼打下去呢？

並不是所有的倒戈都倒向子牙這邊的，倒向紂王的也有兩個。原來，紂王要殺殷洪和殷郊兩位殿下，以絕後患，免得他們長大後為母親報仇。殷洪、殷郊卻為子牙的道兄赤精子、廣成子兩位救走了。後來這兩位師父傳授武藝給這兩位徒弟，做他們長大後報殺母之仇的本錢。兩人長大，尊師父之命下山之後，卻受申公豹的遊說，反過來和子牙對敵。只是天意已定，

兩人的努力都付之流水，雙雙死得慘兮兮的。

3.奸臣

　　紂王朝中的奸臣數目其實不多，不過影響很大。一個奸臣所發揮的效應抵過好幾個忠臣啊！

　　費仲、尤渾是紂王言聽計從的身邊寵臣。兩人官拜中諫大夫，有責任勸皇上不幹壞事。偏偏兩人卻專會巧言令色，顛倒是非，指鹿爲馬。你看，教唆紂王下聖旨叫天下每鎮諸侯選美女百名以充王庭的；教紂王納妲己的；教妲己計除正宮姜皇后的；教紂王計殺東伯侯姜桓楚，殺南伯侯鄂崇禹，而莫殺奸侯北伯侯崇侯虎的；教紂王把西伯侯姬昌抓下牢獄的；七年後，姬昌的謀士上大夫散宜生送禮，請他們幫忙後，教紂王放走西伯侯的……全都是這兩位奸臣的主意。連聞太師都看不過去，當紂王和衆臣面前痛打兩人，並請紂王殺兩人，以快人心，而警不肖。可惜紂王不肯殺自己心愛的寵臣。後來，兩人在子牙冰凍岐山時，才給殺了祭封神台。

　　紂王造鹿台時，由崇侯虎負責監督工程。因爲這工程十分浩大，得廣施土木。崇侯虎乘國難當頭，剝削貧民，有錢者三丁免抽，無錢者獨丁赴役。致使民生日促，偷薄成風，任勞累死者不計其數。這位貪污大王惡名招彰，天下人恨不得生啖其肉，三尺之童聞而切齒。後來終於被他弟弟崇黑虎大義滅親，抓到子牙營裡給斬了。

　　繼費仲、尤渾之後成爲紂王身邊寵臣的是飛廉與惡來兩位。子牙兵臨朝歌時，你聽飛廉謂惡來曰：「兵困午門，內無

應兵，外無救援，眼見且夕必休，吾輩何以處之？倘或兵進皇城，荊山失火，玉石俱燬。可惜百萬家資，竟被他人所有！」惡來笑曰：「長兄此來竟不識時務！凡為丈夫者，當見機而作。眼見紂王做不得事業，退不得天下諸侯，亡在旦夕。我和你乘機棄紂歸周，原不失了自己富貴。況武王仁德，姜子牙英明，他見我等歸周，必不加罪。如此方是上著。」兩位詳細研究討論後，就進入內庭，偷了國璽。飛廉說：「等武王一進內庭，方去朝見，獻此國璽。武王必定以我們係忠心為國，欣然不疑，必加以爵祿。此不是一舉兩得？」惡來又說：「即後世必以我等為知機，而不失『良禽擇木，賢臣擇主』之智。」如此這般，兩位奸臣在那裡自由心證，互相陶醉，互相鼓勵一番。

　　果然武王接班後，兩位就出來晉見了。那飛廉說話了：「紂王不聽忠言，荒淫酒色，以至社稷傾覆。臣聞大王仁德著于四海，天下歸心，真可駕堯軼舜，臣故不憚千里，求見陛下，願效犬馬。倘蒙收錄，得執鞭于左右，臣之幸也。謹獻玉符金冊，願陛下容納。」

　　奸臣的嘴臉，大家可看清楚了吧。可惜天不從人願。子牙笑曰：「你這兩賊，惑君亂政，陷害忠良，斷送成湯社稷，罪盈惡貫，死有餘辜！今國破君亡，又來獻寶偷安，希圖仕周，以享厚祿。新天子萬國維新，豈容你這不忠不義之賊于世，以貽新政之羞也？」說完，就將兩奸推出斬之以正國法了。

　　本文所提到的所有名字全都給姜子牙封為神了，其中包括第一任的閻羅王。他們都成了什麼樣子的神呢？我們在以後的

文章會談到。

　　數千年後，台灣有個阿扁仔登上一國之尊，卻見政府內外同樣忠臣類，倒戈人員，奸臣人員三樣具備。我們熱烈歡迎這些忠臣義士替台灣人服務，可是那宋興票比崇侯虎更加可惡，X法院內費仲、尤渾、飛廉、惡來的兒子孫子不少，的確令人擔憂。台灣人啊！好好把這些亂臣賊子抓出來，讓游揆、陳青天，效法子牙，整頓整頓啊！

꧁ 談《封神榜》人物

大教主

　　《封神榜》人物裡面有很多的煉氣士。他們晚間住在暗無天日的深山山洞，白天出洞，四處去尋找食物，水果，以溫飽肚皮。一方面要預防野獸的攻擊，一方面又要集中精神，探天地之正氣，集日月之精華，煉氣煉幾十年、幾百年，甚至幾千年才能得道。日子過得非常非常的辛苦，實在不是平常人做得到的。姜子牙修了四十年也還未能得道，直呼是「苦行」。還是小說家聰明，筆拿起來亂塗亂畫，輕輕鬆鬆把這些困難掩蓋住，於是《封神榜》裡就煉氣士全書亂跑了。

　　《封神榜》裡最有頭臉的煉氣士依輩份而言，可以分做四代。我們姑且將這四代裡頭最重要的人物列下來。每一代的人物又可以某等馬來稱呼。

　　第一代，一等馬，鴻鈞道人。

　　第二代，二等馬，老子、元始天尊、通天教主。

　　第三代，三等馬，玄都大法師、赤精子、廣成子、太乙眞人、雲中子、度厄眞人、懼留孫、玉鼎眞人、淸虛道德眞君、道行天尊、黃龍眞人、靈寶大道師、燃燈道人、南極仙翁、姜子牙、文殊廣法天尊、普賢眞人、慈航道人、金靈聖母、雲霄

娘娘、瓊霄娘娘、碧霄娘娘、多寶道人、金光仙、靈牙仙、長耳定光仙等。

第四代，四等馬，殷洪、殷郊、李金吒、李木吒、李哪吒、李靖、鄭倫、龍鬚虎、土行孫、楊戩、黃天化、楊任、雷震子、韓毒龍、薛惡虎、韋護、聞太師、余元、火靈聖母等。

第三代的弟子在書裡給稱爲第十二代的弟子。前面我們說過，這位作者的算術不很靈光，我們大可不必認眞。

《西遊記》的人物裡面，地位最高的是那位玉皇大帝。《封神榜》的人物裡，地位最高的卻是老子的老師鴻鈞道人。本文，我們先來談談這位老師和老師的薪傳弟子。

1.一等馬鴻鈞道人

鴻鈞道人先生不知其姓名，也不知其生辰年月日也。住在紫霄宮。那麼紫霄宮座落在那裏、在那一個銀河、那一個星球、那一個國度、那一個省或州、那一個鎮或鄉？鬼曉得！書中說他老先生以一道傳三友。三友就是老子、元始天尊、和通天教主三人。他這三個徒弟之中，大徒弟老子和二徒弟元始天尊的臭氣相投，同居道教中闡教教派的教主之尊。第三徒弟通天教主則是截教教派的教主。

《西遊記》裡地位最高的那位玉皇大天尊玄穹高上帝眞讓台灣人給拜得頭腦發暈了。除了各地的天公廟外，幾乎每座廟裡也都附設有拜他的凌霄寶殿。他，儼然已經成爲台灣民間信仰中知名度最高的（惡）神了。可能是因爲在《封神榜》裡的角色甚輕，台灣人對這位鴻鈞道人了解不多，對他不買賬，所

以連一間拜他的小廟也沒有。他對台灣人的心靈於是沒有造成毒害，這點著實讓我們感到幸運，多謝你了，鴻鈞道人。最奇怪的是拜他的徒弟、徒孫、曾徒孫的廟卻多得不得了。

2.二等馬老子

鴻鈞道人的大徒弟，老子的狗屁名堂多得很，包括李老君、老君爺、太上老君、太上李老君、太上道祖、太上玄天皇帝、大聖祖太上玄天皇帝、大聖祖高上大道金闕玄元天皇大帝、混元上德皇帝、太清尊德天尊太上老君、老子清尼、道德天尊等等。

老子沒有爸爸，母親則叫玄妙玉女。傳說這玄妙玉女小姐那年夢見五色霞光擁太上老君降於空際，倏變為五色流珠，入口吞食之，後來就懷孕了。這一懷，就創了世界紀錄，懷了八十一年，直到商朝武丁庚辰年才老蚌生珠，把孩子生了出來。而且不依正常的生殖管道，從小姐的左手臂下鑽出來的。因在一棵李樹下誕生的，就指著該樹，開口說話說：「這就是我的姓了！」出生後的他，白髮，黃臉，額上滿皺紋，頰上滿髯鬚，所以給稱做老子。說定姓李之後，他又登行九步，說道：「天上地下，唯道為尊，世間之苦，何足樂聞？」老子活到一百六十歲才死。這些鬼話你相信嗎？另外，從古書裡孔子問禮於老子的觀點看來，這老子應當是東周中葉的人物，這樣他在《封神榜》裡活躍時，年紀應該是在負六百歲左右。

《封神榜》裡，這位負六百歲的大教主姓李名耳，住在大羅宮的玄都洞。我們當然也不知道玄都洞是座落在那一個銀

河、那一個星球、那一個國家、那個省或州、那個鎮或鄉。他平時呆在洞內的八景宮修他的道，出門時，從空中騎一隻青牛飛著下來，旁邊則有玄都大法師幫他牽牛。

3.二等馬元始天尊

第二徒弟元始天尊教主也不知其姓名，生辰之年也。只知他住在崑崙山玉虛宮。遺憾我們不知崑崙山玉虛宮座落在那一個銀河，那一個星球，那一個國家，那一個省或州，那一個鎮或鄉。不過《封神榜》的主角姜子牙先生卻是他的得意門生。就是他老先生叫子牙替他執行封神的任務的。除了子牙，燃燈道人、南極仙翁也同是天尊的門徒。

4.二等馬通天教主

第三徒弟通天教主也不知其姓名生辰年月日也。住在碧遊宮，修成五氣朝元，三花聚頂，具萬劫不壞之身。出門時乘一隻奎牛。他法力很高，手下門徒又多，構成一股強大的惡勢力。

你聽那鴻鈞道人對第三徒弟通天教主說：「你三人乃混天大羅金仙，歷萬劫不磨之體，為三教之首。當時只因為周家國運將興，湯數當盡，神仙逢此殺運，故命你三個共立『封神榜』，以觀眾仙根行淺深，或仙，或神，各成其品。不意通天弟子輕信門徒，致生事端。雖是劫數難逃，終是你不守清淨，自背盟言，不能善為眾仙解脫，以致具遭屠戮。」看來這位老道人的眼睛還真明亮，善惡看得很清楚，知道通天教主是個混

蛋呢。

　　本來「封神榜」起源於昊天上帝命仙首十二稱臣，故此三教並談，共編成三百六十五位正神。……從上面這段談話看來，這鴻鈞道人又是下令元始等三人設立「封神榜」之關鍵人物，看來昊天上帝和鴻鈞道人之間是有一場權力鬥爭了。

　　修道人到深山的山洞裡煉數十、數百、或數千年的苦行是獨善其身的終極行為，其最後目的則在於個人的成仙得道、長生不老，和博愛人群、社會公義、世界和平完全沒有關連。這種完全以個人利益來考量的道教精神終於演變成後日功利至上，無視公共道德的現世觀了。

　　當個人間的利益相衝突時，道士們走的路很自然的就分道揚鑣了。在《封神榜》那個時代，老子、元始天尊和他們的徒子徒孫這一派走入右道，靠周武王這邊站。通天教主和他的徒子徒孫這一派走入左道，靠紂王那邊站。兩派人士一碰面，互通道號，叫罵幾聲之後，便互相火拚，互相殘殺，殺得天昏地暗，日月無光了。

　　在大車拚時贏了的，繼續成仙、成道，稱真人。輸的，就成了刀下之鬼了。不過，在《封神榜》裡只有那些夾在這兩派人士的車拚中，順便給犧牲掉的一般軍民死後才真正變成鬼。那些被姜子牙看順眼的，包括紂王家屬，紂王朝野，甚至少數的區斗小民，和眾多的煉氣士死後卻都紛紛給封為神了。

　　本來麼，鬼跟神基本上是同一樣的東西，就如一個銅板的兩面，一面看是神，另面看就是鬼了。姜子牙一口氣封了三百六十五位，不，三百七十一位的正神——其中大部分生前都是

壞人。因為在戰場上打勝仗，保住老命的算是好人，打敗仗喪失小命的絕大多數是壞人。到今天，這些壞人變的壞神很多都還蹲在我們的廟裡，享受人間的烟火，污染台灣人的心靈。

通天教主在界牌關排下一個誅仙陣和老子、元始天尊對敵。陣裡的東邊佈置了一把誅仙劍，南邊佈置了一把戮仙劍，西邊佈置了一把陷仙劍，北邊佈置了一把絕仙劍。這四隻劍都是先天的妙物，最能斬仙，也確實斬死了很多仙。就如上面所說，也就是成就了很多的眾神了。老子和元始天尊在這一役親自和通天教主大打出手，很失教主身份，不像他們的老師，只出口不動手。那通天教主的道行法力非常的厲害，要不是西方的接引道人和準提道人跑來助戰，老子和元始天尊合力都還贏不了他呢。

老子上戰場時和一般人很不相同，使用扁拐當武器。通天教主就曾給這扁拐打了好幾下，吃了虧。另外，他又畫了一個太極圖，聽說是他闢地開天之時，分清理濁，定地水火風，包羅萬象之寶。這個太極圖非常的厲害，《封神榜》裡說太極生兩儀，兩儀生四象，其中變化無窮，心想何物，何物便現。多少英雄好漢都因為作戰時分心，在心想何物，何物便現的情形下喪生在此太極圖內。我們在前面已經提過，說老子跟闢地開天有所關連，是十分鬼扯之談！

打這場仗時，老子露了一手叫「一氣化三清」的分身術。三份元氣從他身上發出，化為三個有形有色，名喚「上清、玉清、太清」的形象。這「三清」加上他本人，一共四個影子，把通天教主搞得丈二金剛，摸不得頭腦。

通天教主在誅仙陣慘敗之後，痛定思痛，又拚勢煉了一個萬仙陣，排在潼關關外，要取姜子牙等之生命。整本《封神榜》，眾仙在此一役完結了一千五百年之劫數，也就是說在此送掉老命的最多。如王母娘娘的女兒龍吉公主、女婿洪錦、聞太師的授業師金靈聖母等。這一役通天教主使出渾身解數，大拚老命。不過，這個惡陣也同樣在接引道人、準提道人、元始天尊和老子四人的合作下給破了。死在此陣中的九曜二十八宿等後來又爬起來，在《西遊記》裡發展成天上群星的成員了，這些人員今天仍然繼續混在台灣的許多廟裡。

這一役，元始天尊對門人說：「今日你等圓滿此厄，斬卻三屍，再不惹紅塵之難。」老子也說：「周家不過八百年基業，貧道也到紅塵中來三番四轉。」

原來老子在《封神榜》裡從天上來到凡塵來了共三次，第一次是在黃河陣，第二第三就是上面所提到的兩次。第一次下來時，他就開殺戒了，受害者竟然就是他的師弟通天教主的門下，雲霄娘娘。二等馬殺三等馬。那時他說過今日破了黃河陣早回，紅塵不可久留這樣的話。唉，人家是那麼不耐煩下到紅塵來，可憐啊！我們這些善男信女卻建廟留他，叫他每天到廟裡來上班，每年在二月十五日幫他做生日。不把他給煩死了，還想求他保佑？果然，這老子在《西遊記》裡已搬到三十三天外的離恨天那裡去住，過著與世無爭的神仙生活了，只有一次給孫悟空撞了個滿懷，跌得差點爬不起來。

上面提到的那老子一氣化的三清，其實不過是一股元氣而已，不能傷人。過一段時間之後，氣就消了。可是，後人卻拿

這個觀念大大的發揮了。《西遊記》的作者就把太上老君（道德天尊）當做太清，元始天尊當做玉清，靈寶道君（靈寶天尊）當做上清，三人組合起來成爲三清道祖了。

不過，《西遊記》裡孫悟空是相當瞧不起這老子與三清道祖的。遊記裡，悟空曾把太上老君花多少心血，辛苦煉成的五個葫蘆的金丹，不客氣全部吃光了。在「三清觀」那裡，還叫豬八戒把三清的神像放到廁所裡去吃屎。台灣人不知這典故，竟把這三位吃過屎的老朽拜成相當大牌的神明了。在有些廟裡，這三清道祖的地位竟高到坐在玉皇大帝旁邊的地步。只是，各地對三清的成員的看法並不一致，有的乾脆直指老子、元始天尊和通天教主三位，跟原先老子所化出來的，一時間就消失掉的三清完全扯不上關係了。民主時代，言論自由。

《西遊記》裡，老子煉仙丹時，負責看爐子的童子金角和銀角偷了他一個玉淨瓶，一個紫金紅葫蘆，一把芭蕉扇，一把七星劍，和一個幌金繩等五樣寶貝，然後跑到平頂山那裡去成妖作怪。其中那個玉淨瓶和那個紅葫蘆，每個可裝一千人。人若給裝進裡面，只消一時三刻便就嗚呼哀哉，化爲稀汁。那把芭蕉扇，一扇就令平地起大火，做火災燒死人。另外，他又煉了一個金鋼琢，三個金鈴。那金鋼琢，憑你什麼兵器，水火都不能近，一經他拋出，你手中的兵器就全給套去了。那三個金鈴，頭一個幌一下就有三百丈火光燒人，第二個幌一下就有三百丈烟光燻死人，第三個幌一下就有三百丈黃沙鑽人鼻孔傷人生命。這就是道教的大教主的眞面目！原來這位隱居在三十三天外，不願下降凡塵的大教主並非吃飽飯沒事幹，他忙得很，

忙著煉長生不老之仙丹，忙著煉各種殘忍不堪的殺人術！

　　他手下的看爐童子平時一定是吃不飽、穿不暖，否則怎麼一到人間便形同餓鬼，抓著人就吃呢。另外，老子所騎的那隻青牛也曾跑到人間，變做妖怪，點化了一座仙莊，誘人進去讓他抓了蒸著吃。這位獨善其身的老子對待手下未免太刻薄了吧，不給吃飽！

　　對於元始天尊，我們也有很多的保留。《封神榜》裡，他是老子的師弟，鴻鈞道人的徒弟。雲霄娘娘的妹妹，瓊霄娘娘和碧霄娘娘兩位就是他開殺戒時殺了的。哼，又是個殺人的教主！不過，在《西遊記》裡，他卻只是個無甚小路用的三清的成員之一，從崑崙山玉虛宮搬到天上的彌羅宮去住了。在天上，他跟老子不同，對煉丹似乎沒那麼熱中，成天只忙於講道。悟空等走到萬壽山的五莊觀時，五莊觀的主人鎮元子不在家，受邀跑到彌羅宮聽天尊講道去了。

　　可是又有人，譬如《神仙說》裡卻說他是玉皇大帝的老父，說他有三個兒子，第二個就是玉皇大帝。

　　另外又有他就是玉皇大帝本人，元始天尊即玉帝別名的說法。元始天尊即無極之主宰。天地未分，陰陽混沌，有一氣之神化，即天地之精，是時天空大如翌，稱爲大羅，經數劫始成地。天尊時在玉京，與自生之太元玉女追氣結精，始生天皇氏、地皇氏、人皇氏，乃至伏羲、神農、黃帝，國土開發，人民至繁殖，元始天尊，一身爲三清。這裡，這太元玉女已非盤古之妻了，而三清卻是他元始天尊所化的，不再是老子所化的了。

　　當然你也可以主張說他是玉皇大帝的外公或外孫，乾兒子或情敵，或其他什麼的。反正別人也拿不出證據說你不對。這些東西本來就很好發揮，很好亂扯。他姓甚，名叫什麼，父母親是誰，那一年生的全都不知道，台灣民間卻因這「元始天尊」的頭銜，把他的生日定於元月初一。如台北的行天宮都在每年元旦的零時舉行開天儀式，以三獻禮慶祝他的生日。把元月九日，這一到九，九個數字中的最大，留做玉皇大帝的生日了。

　　通天教主因為心態不健康，行為不光明，在《西遊記》裡已被三振出局，完全失掉角色了。值得我們崇拜的對象很多，嘉義朴子人卻選上他，建了個「吉安寺」拜他，實在是太不三不四了。

　　那位接引道人後來在《西遊記》裡又出現了一次，弄了一部無底船，接引三藏師徒坐了，拋棄肉體，成就佛道。他和準提道人兩位在《封神榜》裡是客串的來賓，除了幫老子、元始破誅仙陣和萬仙陣，收馬元等幾個名字沒上《封神榜》的人物到西方去享樂之外，我們對他們的了解實在不多。

三等馬

　　跟隨三位教主修道，《封神榜》裡稱他們為第十二代弟子的煉氣士的人數很多。若把第一代的導師鴻鈞道人算做一等馬，第二代的教主算是二等馬，那麼這一代的弟子便是三等馬了。這些三等馬在《封神榜》裡都只有道號，沒姓沒名。他們在和敵人對陣時互相把道號報了後就開始廝殺了。他們殺人很多，很沒人性。我們先找幾個右道人士來談，姜子牙也是這中間的一員，不過他是《封神榜》裡最重要的角色，我們將他分開來談。通天教主門下那些左道人士等談到聞太師時再談。

　　赤精子，老子之徒弟。在太華山雲霄洞，練劍術與陰陽鏡。紂王的第二個兒子，殷洪就是他的徒弟。他曾用他師父老子的太極圖，救了子牙一命。他在落魂陣那裡殺了姚天君。

　　雲中子，終南山的煉氣士，千百年得道之仙也。紂王的授業老師聞太師就是死於他手下的。

　　廣成子，在九仙山桃園洞修道，刻了一個番天印，後來就用這印當武器，打起人來還真屬害呢。金光陣的金光聖母就是他打死的。紂王的大兒子殷郊是他的徒弟。

　　懼留孫，在夾龍山飛雲洞練仙，用一條捆仙索捆了很多仙

人。那個會地行術的土行孫就是他的徒弟。

玉鼎眞人，在玉泉山金霞洞修道，《封神榜》裡惟一會七十二變的四等馬，三目楊戩，就是他的徒弟。

清虛道德眞君，在靑峰山紫陽洞抓蚊仔、打蝴蠅，煉了一枝七禽扇，一扇可以使人化爲紅灰。徒弟有黃天化、楊任。不要把他誤會成道德天尊，道德天尊是老子許多道號中的一個。

道行天尊，在金庭山玉屋洞煉氣，徒弟有韓毒龍、薛惡虎、韋護等。就是說道德眞君、道德天尊、與道行天尊是三個不同的傢伙。

度厄眞人，在九鼎鐵叉山，八寶雲光洞煉氣，洞中有一粒定風珠，所以他不怕強烈風颱。徒弟有李靖、鄭倫等。

太乙眞人，在乾元山金光洞練仙，打鬥時用九龍神火殺人。李哪吒這位大殺星就是他調教出來的徒弟。嘉義民雄豐收村的殼豐宮除了供奉神農氏，五府千歲，也供奉這位眞人。注意，是眞人，不是假人。

這一大堆三等馬裡面，以底下這五匹對後世的影響爲最大。

在南極冰洞修道成了仙的南極仙翁，是元始天尊之大徒弟。就是他奉天尊之命，拿封神榜給姜子牙去執行的。他在《封神榜》裡的角色不重，只在十絕陣那裡開殺戒，殺死了十絕陣中的紅沙陣的張紹，和救活了子牙一次。救活子牙這事值得研究，介紹一下。

那天仙翁正在山下閑遊，採芝煉藥。原來，修道人不是忙於煉仙丹，就是忙於煉仙酒，煉整人術，再不就是忙於煉仙

藥。這仙翁是那種煉藥的了。他猛然看到子牙的魂魄渺渺飄來，就慌忙趕上，一把罩住了魂魄，裝在葫蘆裡，塞住了葫蘆口。後來他把葫蘆交給赤精子。赤精子走到子牙臥處，將子牙頭髮分開，用葫蘆口合住子牙泥丸宮，連把葫蘆敲了三四次，那魂魄一入竅，子牙就活過來了。手續很簡單，不必開刀，不必輸血。你家後院，最好趕緊種些葫蘆匏仔，以備需求，救人命，積功德。

他出門時騎一隻白鹿當交通工具。在《西遊記》裡，他這隻白鹿卻跑到比丘國做了大官，當上國丈。又把十六歲的乾女兒獻給比丘國的皇帝。皇帝愛這美妙少女，日夜貪歡，弄得精疲力盡，面黃肌瘦。國丈收集了國內一千一百一十一個五歲到七歲的男童，要殺之取心煎藥，好讓國王吃了活到一千歲。這位南極仙翁的幫凶要用一千多小子的夭壽短命，來成全那無道昏君的長生。這仙翁知道之後，竟然沒看出有什麼差錯，連氣都沒哼一聲！後來還送了三粒他山中出產的火棗給該昏君吃了，以得長生。因為他山中盛產這種東西，他給後世人當做「壽仙」來拜。

「壽仙」這頭銜實在是太吸引人了，拜起來又簡單方便，於是台灣各地的廟裡便紛紛設有南極仙翁的神像了，他殺人的紀錄則全給忘了。拜啊拜，今天，他的名聲已經高到在很多廟裡坐在玉皇大帝旁邊的地步了。不過，在大部份的廟，他卻只是站在屋頂上吹風晒日的財子壽，或福祿壽三仙老公仔標的成員之一。宜蘭人在多山建了一座振興堂服事他，既不知他的姓名，父母親是誰，那一年生的，卻說他的

生日是九月初三，在這天備辦大大小小的牲禮慶祝他生日快樂。唉，這世上是有活超一百歲的人瑞，難道是因為他們天天拜南極仙翁？台灣人啊，多種些火棗吃看看，萬一不得長生不老，吃了消痰化嗽，幫助消化也不錯，那才是正途啊！

燃燈道人，也是元始天尊的徒弟，姜子牙的師兄。他住在靈鷲山圓覺洞，出門時也是個騎鹿的。李天王給他那個不孝的三太子迫得走頭無路時，幫忙解圍的就是這位老兄了。李天王手上托的那座救命金塔就是他送的。他是金鰲島破十大天君的十陣圖時的總指揮。聞太師的師父金靈聖母就是他開殺戒時打死的，不過三等馬殺三等馬，相當拚。哼，又是個殺人凶手！

《西遊記》裡，孫悟空有一次去找太上老君聊天時，正在和老君上課講道給眾仙童聽的就是這位老兄了，他應該是老君的助教罷。不過他好像又跟釋迦牟尼佛有所牽連，因為當三藏師徒走到如來的靈山取經時，拿一部無字真經打發三藏師徒走路的就是他。到底他的戶籍是設在天上，設在西方，或設在靈鷲山圓覺洞呢？很難斷定啊。

近幾十年來新興的一貫道說自開天闢地生人以來六萬多年，就定下十佛應運，七佛治世，三佛收圓。三佛裡面，頭一次為伏羲時代，青陽劫時燃燈古佛降世了，他掌天盤掌了一千五百年，普度眾生渡回二億佛子歸天，因為那時候，人心正，所以只降了九劫。到了周朝末年，人心大變，降十八劫，為紅陽劫。此時釋迦牟尼佛降世，掌天盤三千年，做二次普度，又渡了二億佛子歸西。今天，人類所面臨的則是三

期末劫，白陽劫，也就是世界末日也。因爲世人造孽太重，所以降了九九八十一劫，加上前兩回合的青紅二劫，合計共一百零八劫。因爲事態嚴重，一貫道的至上神，明明上帝無極老母特派彌勒古佛來掌天盤，濟公活佛和月慧菩薩共掌道盤，做上渡河漢星斗，下渡幽冥鬼魂，中渡人間善男信女的超級三曹普度。機會果眞難得，看官若錯過這個機會，下次要遇這類超級的三曹大普度就得再等十二萬九千六百年了。

把開天闢地生人以來設定爲六萬多年！一開始就大錯特錯，其後的論述也就都全盤皆錯了。《西遊記》裡三藏在取經途中受了八十一劫，玉皇大帝當權前受的每一個劫就是十二萬九千六百年。須菩提祖師傳孫悟空變化術時有三十六的天罡數和七十二的地煞數之區分，兩個數目合起來就是一百零八。水滸傳梁山泊的好漢也是這個數目。今人古人都很喜歡抄啊玩啊這些數字遊戲啊。

文殊廣法天尊，在五龍山雲霄洞煉氣。比武時使用一枝寶劍。三太子李哪吒的大兄李金吒就是他的徒弟。秦天君完設的天絕陣，就是他破的，秦天君就是他殺的。他在萬仙陣中又因準提道人與元始天尊兩位之助，破了蚪首仙的太極陣，把蚪首仙打得現出原形，變成一隻青毛獅子。這隻獅子就成了他日後出門時的坐騎了。

普賢眞人，住九宮山白鶴洞，用的武器是一枝吳鈎劍。李哪吒的二兄李木吒就是他的徒弟。不過到《西遊記》時，木吒卻離開他，轉而拜觀世音菩薩爲師了。袁天君角設的那個相當厲害的寒冰陣，就是這位眞人破的，袁天君就是死於

真人手下的。又，在萬仙陣那役，他破了靈牙仙的兩儀陣，把靈牙仙打得現出原形，變成一隻白象。這隻白象就成了他日後出門時的坐騎了。

慈航道人，住普陀山落伽洞，用一清淨琉璃瓶作武器，臨陣時用之吸人於瓶內，非常的厲害。董天君全設的風吼陣就是他破的，董天君就是他殺的。在萬仙陣那役，他用三寶玉如意破了金光仙的四象陣，把金光仙打出原形，變成一隻金毛吼。這隻金毛吼就成了他日後出門時的坐騎了。

原來這太極陣，兩儀陣，和四象陣，是對應著由文殊廣法天尊、普賢真人、和慈航道人來破的。破了這三個陣圖之後很久很久，這三位都曾殺過人的同志便相約，集體從沒落中的道教投奔到正在興起的佛教去了。後來他們在佛教界混得很開，混到僅次於釋迦牟尼佛的地位，即佛教的三大士，文殊菩薩，普賢菩薩，觀音菩薩也。這三位同志在《西遊記》裡又曾攜手合作了一次，變做十八、二十、二十二歲的真真、愛愛、憐憐三姐妹，會同梨山老母一起去試探三藏師徒取經的誠意。以小人之心度君子之量也。這三位大士之中，又以觀世音菩薩對後世的影響為最大。我們談到《西遊記》的人物時再來談他吧。

(壹) 談《封神榜》人物

姜子牙

　　子牙，姜向也，是《封神榜》裡最重要的角色。負責將商紂與周武王交戰中死去的人封做神的就是這個人了。他三十二歲時上崑崙山，跟老子的師弟，太上無極混元教主元始天尊修道。也就是說在《封神榜》裡，他是屬於三等馬中的一匹。天尊知道他生來命薄，仙道難成，在他七十二歲那年，命他下山，幫周武王伐紂。

　　中途休學，沒拿到「仙」、「眞人」或「道人」學位的他下山後，碰到一位昔日好友宋異人先生對他說，「不孝有三，無後爲大」，幫他介紹了一門婚事，娶才貌雙全的馬洪之女，才剛六十八歲的黃花女兒馬小姐爲妻。

　　這位馬小姐不識大賢，整天教唆子牙出去外面賺錢，做點小生意。子牙沒奈何，試過賣竹籃、賣乾麵、開酒飯店、賣牛馬豬羊等生意。每樣生意都做了一天，也每樣都血本無歸。夫妻經常因這些小事吵嘴，動手互打。後來，他開了一個算命館。你看他的館裡貼了「一張鐵嘴，識破人間凶與吉；兩隻怪眼，善觀世上敗和興。」這樣的對聯。不過開張了五個月還沒碰到半個客人上門。後來來了一個賣柴的，名叫劉乾，想做霸

王，看相不給錢。沒想到子牙幫他相得非常的準，劉乾高興之餘，四處幫他拉客人，他的生意才開始好了起來。姜太太見錢眼開，高興得嘴巴合不來。

　　狐狸精妲己的妹妹，玉石琵琶精不知好歹，變化一位少女也跑來試他相命的工夫。子牙慧眼看穿此女妖底，從眼中噴出三昧真火將妖精燒出原形，化做一塊石頭。妲己為了報妹妹如此獻醜之仇，教唆紂王封子牙一個下大夫的小官。後來命子牙督建鹿台，借機會要害他。子牙以工程浩大，需三十五年才能完工，勸紂王打消建鹿台主意。紂王認定子牙胡言欺主，罪當炮烙。子牙一不做，二不休，乘機大罵紂王。紂王命人將子牙拿下，欲將子牙醢尸薑粉，就是剁成肉醬，細切成粉。子牙借水遁，逃離商朝。辭官之後，姜太太很不以為然，痛恨子牙不懂得乘建鹿台良機，大撈一筆，迫子牙寫離婚書，夫妻從此鬧翻。後來，子牙官拜宰相，姜前妻甚覺人生無趣，懸梁自盡。死後，子牙感念昔日夫妻之情，封她為掃帚星，肥水不落外人田。

　　子牙離婚後，隱居於磻溪，垂釣於渭水。不過他在釣魚時，線上扣的鉤子卻直而不曲。他說寧在直中取，不向曲中求，不為錦鱗設，只釣王與侯。果然在八十歲那年釣到周文王，給封為宰相。此後，子牙時來運轉，萬事順意。九十三歲時拜將，握兵權。九十八歲討伐紂王成功，完成元始天尊交給他的封神任務。

　　聽說吃子牙一塊肉，可以延壽一千年。不過在《封神榜》裡想吃子牙肉的並不多，不像《西遊記》全記裡充滿了想吃三

藏肉以資延壽的妖怪。子牙作戰時手提寶劍，騎一隻靑驄馬。不過這些東西不太管用，後來使用一條三尺六寸五分的打神鞭，騎他師父元始天尊送他的四不相，才大有斬獲。

子牙出身雖低，可是有軍事天份。周武王拜他爲將，統帥六十萬大軍征伐紂王。在三十六個戰役中，除了孟津一役，碰到那位身高數丈，力能陸地行舟，頓餐隻牛，用一根排扒木當武器的鄔文化，被黑夜劫營，折了三十四名將官，二十多萬兵士之外，其他的戰役都打勝仗。作戰時除了傳統的戰法外，他還使用了很多不正經的歪步，譬如用瓶盛烏雞血，黑狗血，再加女人尿屎和勻，裝在瓶內，見敵人趕上陣時，將瓶打下，用此穢污濁物壓住敵人妖氣，使敵人無法逃走。當他的大軍打到朝歌時，他可是巧妙的應用了心理戰術，散佈紂王殘暴，武王仁慈之言論，令朝歌滿城哄然，民變難治。果然，到三更，四個城門大開，百姓棄舊王，迎新主，完成改朝換代之盛事。

子牙在伐紂的過程中給打死了七次，又復活了七次，比貓少了兩命。這裡舉一個典型的例子。那姚天君在落魂陣內，築一土台，設一香案，台上紮一草人，身上寫「姜向」二字，草人頭上點三盞燈，足下點七盞燈。然後披髮仗劍，步罡念咒於台前，發符用印於空中，一日拜三次。要拜二十一日致子牙於死地。到二十日時，子牙的魂魄遊到崑崙山，剛好遇到南極仙翁，仙翁一把把子牙的魂魄罩住，並趕緊將他裝在葫蘆內，塞住葫蘆口。後來赤精子將葫蘆口合住子牙屍體的泥丸宮，把葫蘆敲了三四下，魂魄乃入竅，子牙就復活過來了。

子牙的事跡中，除了這些胡說八道的死去活來，阿理不達

的大小戰役，和亂七八糟加三級的封神事件外，倒有兩則特別令人欽佩的。第一，他對保皇派的殷破敗說，「天下者非一人之天下，乃天下人之天下也。」第二，他站在紂王面前，理直氣壯的數紂王十大罪狀。這些罪狀，我們在前面已經提過，不再重述。

三千多年前就有這種想法，相當的進步啊。前年，連戰在台灣的總統選戰中選輸而不肯認輸，令人感覺可笑，可憐又可恥的動作連綿，就是不懂得這個古人早已體驗過的淺顯的道理的。連先生啊，「天下者非一人之天下，乃天下人之天下也。」看開些，日子比較好過。

所謂封神，是因昊天上帝命仙首稱臣，故此三教並談，共編三百六十五位成神，又分八部，上四部雷火瘟斗，下四部群星列宿。三山五岳，布雨興雲，善惡之神。他把這封神的任務交元始天尊。元始天尊叫徒弟姜子牙代勞。照天尊的話：仙凡路迴，非厚培根行者不能通；神鬼途分，豈諂媚奸邪之所可覬？蹤服氣煉形于島嶼，未曾斬卻三尸，終歸五百年後之劫；總抱真守一于玄關，若未超脫陽神，難赴三千瑤池之約。故爾等雖聞至道，未證菩提。有心日修持，貪癡未脫；有身已入聖，嗔怒難除。須知往愆累積，劫運相尋。或託凡軀而盡忠報國；或因嗔怒而自惹災尤。生死輪迴，循環無已；業冤相逐，轉報無休。吾甚憫焉！憐爾等身受鋒刃，日沈淪于苦海；心雖忠藎，每飄泊而無依。特命姜向依劫運之輕重，循資品之高下，封爾等為八部正神，分掌各司，按布週天，糾察人間善惡，檢舉三界功行。禍福自爾等施行，生死從今超脫，有功之

日，循序而遷。爾等其恪守弘規，毋肆私妄，自惹愆尤，以貽依戚，永膺寶籙，常握絲綸。

這些東西，就像道士念咒，沒人懂。簡單的說，就是把在武王伐紂的戰爭過程中死去的死鬼，做廢物回收，封做神的意思。

昊天上帝、元始天尊等這個封神構想實在是非常非常的惡劣，一口氣讓姜子牙封了三百六十五位神。放榜後，榜上有名的又多出了六個，共三百七十一名之眾，把天上所有的好職位全都霸佔完了。

唉，這些神到底是元始天尊封出來的，還是姜子牙封出來的？應該只是《封神榜》的作者，那位叫陸西星的小道士自由心證，胡思亂想，隨便編出來好玩的吧！他憑什麼這麼做呢？有誰目睹這重要時刻呢？以「鬼」之實，掛「神」之名後，這些「神」到底能有什麼作為呢？憑什麼如此產生出來的「神」就有保佑世間人的能力呢？……？……？

有趣的是，子牙死後，自己也給封做神了。台灣各地的姜太公廟還真不少呢。對於這位亂封神的可惡人物，貽害台灣人心靈至深至久的東西，我們不拜也罷。

🕙談《封神榜》人物

四等馬

　　《封神榜》裡的煉氣士屬於第四代的人數最多,這些四等馬是子牙伐紂王時,雙方的陣營裡最賣力,死傷最重的一群。我們說過,他們死後都給封做神了。難得在《封神榜》裡保得老命活過來的,也有不少在後來給補上去當了神的。這群四等馬有一個共同的特色,就是個個都生得青面獠牙,相貌奇醜。我們姑且抓幾個來談談,那聞太師也是匹四等馬,不過情形特殊,我們下文再來談論。

　　雷震子,周文王收的契子,是雲中子的徒弟。因為吃了兩枚紅杏而長出兩隻翅膀,鼻子也變高,臉呈青靛色,髮似珠砂,眼睛暴突,牙齒橫生,出於唇外,身高兩丈。雙翅飛高時左風右雷。周文王曾因他的醜相給嚇得半死。他作戰時,用一根金棍子打人。幫玉皇大帝看守南天門的四天君之一的辛環就是雷震子打死的。奉勸諸君,吃紅杏時不能一次吃兩枚。

　　楊任,這位在紂王建鹿台時力諫,被紂王將眼睛挖掉的義士,受難後給道德真君救走了。真君從葫蘆中取出兩粒仙丹放在楊先生的眼裡,再用先天真氣往楊的面上一吹,喝聲:「楊任不起,更待何時!」那楊任就醒過來了,眼框裡長出兩隻手

來了，手心上又長出兩隻眼睛來了。他這兩隻手中眼可跟普通人的很不一樣，能夠上看天庭，下觀地穴，中識人間萬事。他在作戰時，騎了一隻雲霞獸，手裡拿了一把五火神焰扇。被他那把扇煽到的，就給吹跑千萬里路遠，迷途不知回家路了。那位使用生物戰的呂岳就是給楊任的扇子煽死的。楊任死後給封為甲子太歲之神，至今還蹲在許多台灣的廟裡。

土行孫，這位身高四尺出頭，《封神榜》裡最矮，跟孫悟空差不多身材的矮子，是懼留孫的徒弟。他學了一項地行怪術，就是能夠在地底下跑，而且跑得很快，一天一千里。抓他的人一不小心，讓他的腳接觸到地面時，他就借地行術逃了，很難對付。後來卻給另外那位也懂地行術，日行一千五百里，比他快的張奎殺了。

崇黑虎，這位大貪污鬼崇侯虎的小弟卻是個正派的君子。他的長相非常的難看，面如鍋底，頦下一部落腮紅髯，兩道黃眉，金睛雙暴。拜截教真人為師。他手裡拿了一個葫蘆，裡面有一隻神鷹，對陣時放神鷹出來啄人。

龍鬚虎，是子牙的徒弟。這物生得頭大頸長，獨足只是跳，眼內吐金光，身上鱗甲現，兩手似鉤銃。發手有石，隨手放開，便有磨盤大石頭，如飛蝗驟雨，飛來打人。

殷郊，就是給紂王有殺沒有死的紂王的大兒子，拜廣成子為師。因吃了六七枚熱豆兒而多長了一隻眼睛，三個頭六隻臂，變得面如藍靛，上下獠牙，髮似硃砂。奉勸諸君，熱豆兒不能隨便亂吃。他下山後本來是要殺紂王報他殺母之仇的，不過受到申公豹的游說而倒向紂王那邊。作戰時，用他師父送的

番天印、落魂鐘和雌雄劍打人。死後給封爲值年太歲，不三不四。假使他是你的值年太歲神的話，你相信他有能力保佑你嗎？

殷洪，給紂王有殺沒有死的紂王的二兒子也，赤精子救了他的命，傳了他武藝。師父疼徒弟心切，當殷洪下山時，赤精子把山中最寶貴的寶貝，紫綬仙衣、陰陽鏡、水火鋒等全都送給他。下山後，殷洪收了龐弘、劉甫、苟章、畢環等四將。後來殷洪違背了師尊的教訓，聽了申公豹的游說而倒向紂王，慘死於自己的師尊手下。死後，姜子牙封他爲五穀星。我們不了解，這位五穀不分的少爺如何保佑做田人的五穀豐收？封他爲五穀星，實在是太會開種田人的玩笑，太不尊重種田人了。他下山途中收的那四名惡棍死後跑到天上幫玉皇大帝看南天門去了。

鄭倫，與李天王一樣，拜度厄眞人爲師，原是商紂那邊的人，後來跟隨妲己的爸爸蘇護同時棄商投周。他作戰時有兩道白光自鼻孔發出，用以吸人魂魄。他和鼻孔有兩道黃光發出的陳奇給合稱爲哼哈兩將。他倆的坐騎一樣是火眼金睛獸，就是《西遊記》裡面牛魔王騎的那種動物。死後哥倆給封爲哼哈兩神，鄭將軍與陳將軍也，乃財神爺遊街顯神威時的開路先鋒，莫名其妙，黑白來。

楊戩，玉鼎眞人的徒弟，長了三隻眼睛。叫赤精子師伯，子牙師叔，黃龍眞人師叔。騎一隻白馬，和孫悟空一樣，有九轉煉就元功，即七十二變之術。身邊又養了一隻哮天犬，很會咬人。這個人多智多謀，多詐多欺多殺。譬如在池縣與張奎對

陣時，見張奎騎了一隻頭上有角的，很難應付的烏烟獸，就把該獸變做他自己的模樣。這樣，張奎殺了他就是殺了自己的坐騎了。後來，又把張奎之老母變做己身，張奎殺了他就是殺了自己的老母了。他說這是惑其心也。子牙看他這麼做，高興得不得了。

這楊戩在《西遊記》裡是玉皇大帝的妹妹春心盪漾，自天上下凡塵，跟一位姓楊的生的兒子，二郎眞君也。因爲這二郎眞君是確實有實力的人才，玉皇大帝就不放心，不敢把他留在天宮，令他呆在灌洲灌江口閑著吃食人間烟火。致使在悟空大鬧天庭時，整個天庭全都是會吃，未（不會）相咬的爛天兵，爛天將。這批天上的飯桶全都敗給悟空，個個被悟空打得頭破血流。後來觀世音向玉帝推薦這楊戩，才打贏了悟空。戰事平定後，玉帝怕他功高震主，更不敢留他了，叫他仍然回到人間，享受人間烟火去。這個人後來給後世的人封爲清源妙道眞君、五顯大帝，又稱三目楊戩也。

唉，張奎的老母何辜，楊戩使張奎親手給殺了！這種傷天害理的人品，到現在還呆在我們民間的廟裡神氣呢。台灣人啊，我們的心靈不健康久矣！

李靖一家出了四匹四等馬，很特殊，底下我們就來談談。

李靖就是托塔李天王，是古早的印度神。不過因爲不大會保佑印度人，沒受到印度人的崇拜，致使到處流浪，走頭無路。《封神榜》的作者看了，大發慈悲，幫他安排出路，讓他到陳塘關去做個總兵。他育有三男一女和一個契養的女兒。三個兒子金吒、木吒、哪吒是在商朝末年，封神榜時代生的，女

兒貞英卻是一千七百年後，在唐朝的《西遊記》時代生的，而且在孫悟空打官司告天王時，這貞英才七歲大。這李老頭還真老當益壯哩。再說在天上，神仙是沒有婚姻自由，不准男女私情的。神仙之間一旦春情盪漾，墮落情網，都得下到凡塵，才能締結良緣。這李老頭膽大包天，不知如何走私，在那裡偷生了這個小女兒。

　　先前，李靖拜西崑崙九鼎鐵叉山，八寶雲光洞的度厄真人為師。不過因為天資不高，混了很久，成績總是不好，無法成仙得道，所以很多年呆在陳塘關娶妻生子。

　　李靖和他的第三兒子，李哪吒，有一段很深的冤仇。他的法力又遠遠地不及哪吒，若不是燃燈道人讓他托了個保命的寶塔的話，恐怕早就死於自己的兒子手下了。

　　在《封神榜》裏，他背叛紂王，棄守陳塘關，跑到西岐投子牙去。到西岐時，適逢那個一身赤色，騎紅色馬，能現三頭六臂的火龍島焰中仙，羅宣，在那裡使用萬里起雲烟，就是火箭啦，射入子牙軍營，致使子牙兵營火災大起。那火災後來為龍吉公主所救。羅宣則為李靖殺了去當做晉見子牙的見面禮。李靖投子牙軍營後，伐紂的大小戰役是都參與了，不過因為能力有限，表現總是平凡得很。

　　他契養的女兒，有三個名字，叫金鼻白毛老鼠精、半截觀音、或地湧夫人。不過天王老人痴呆，全給忘了。這隻老鼠精在陷空山無底洞成了道，變做妖邪，在那裡迷害人命。當三藏師徒走近鎮海禪林寺時，他在黑松林那裡變做一位美貌的少女，上半身綁在樹藤，下半身埋在土裡（半截觀音也），甜言

蜜語，騙三藏說他家遇上強盜，父母離散，她年幼，跑不動，被強盜拐入山內，大大王要她做夫人，二大王要她當妻室，三大王四大王都愛她美色……三藏救她之後，在禪林寺住了三天，她就生吃了六個寺裡的和尚。

台南人很莫名其妙，在安平建了一座文朱殿，服事這位李天王。拜託，拜託，有文化氣質的台南人啊，要拜也得選個較像樣的人品來拜。

李哪吒是《封神榜》裏的重量級人物，我們當另文討論。

李家的大兒子金吒，二兒子木吒在《封神榜》裏的角色也比李天王重多了。金吒拜住在五龍山雲霄洞的文殊廣法天尊為師，木吒拜九宮山白鶴洞的普賢真人為師。兩人都精通劍術，在子牙手下賣力，在討伐紂王的戰爭中殺了不少人。譬如說，西海九龍島煉氣士王魔與李興霸就是一個死於金吒手下，一個死於木吒手下的。

比較值得提的是他兩兄弟奉子牙之令隨東伯侯姜文煥取遊魂關那一役。你聽金吒跟木吒說：「戰恐不利，宜用計奪。」於是兩人假扮成兩位道人，到遊魂關向守關的主將竇榮說：「貧道乃東海蓬萊島的煉氣散人孫德，徐仁。晚觀乾象，湯氣正旺，我兄弟願出一臂之力。因為我師在萬仙陣死於姜向之手，極思報恨，今特假將軍之兵，上為朝廷立功，下報天倫私怨，中為將軍效一臂之力。」如此這般，騙竇榮中計。等東伯侯姜文煥的大軍一到，他倆就裡外夾攻，殺了竇榮和竇夫人，獻遊魂關給姜。兵不厭詐，此之謂也。金吒，木吒，好奸啊。

武王伐紂大功告成之後，李靖父子離開子牙，隱居山林。

到《西遊記》時，李靖帶著小兒子哪吒搬到天上的雲樓宮去住，在玉皇大帝底下上班，雙雙做吃飯的天將。木吒則改拜普陀山落伽洞的慈航道人，也就是觀世音菩薩為師，而金吒卻到西方去服事如來，做了前部護法。木吒金吒兩人在《西遊記》裡也都沒什麼特別表現。後人拜這兩兄弟的不多，受害也較小，善哉！

很多通天教主的徒弟的徒弟都是動物得道的人士，被打死後就又還原成動物了，胡說八道，無聊得很，不談也罷。

上面這些生得恐怖難看的人物，我們到廟裡時經常就會碰上，也往往會因他們的惡看相而給嚇一大跳。小孩子更會給嚇破膽，嚇得終生難忘。這種東西沒把我們嚇死，我們就很感激了，還敢期待他們保庇？唉，這批歹貨一日充斥在我們的廟裡，我們心靈所造成的損害就存在一日，實非台灣人之福。

⑨ 談《封神榜》人物

聞太師和他的道友

　　聞太師，聞仲，是皇上紂王的授業老師。拜碧遊宮金靈聖母為師，在那裡學藝五十年。他身懷五行大道，是個能移山倒海，聞風知勝敗，嗅土定軍情的大將。他生得三隻眼睛，生氣時，中間那隻會射出兩尺遠的白光。他作戰時騎上一隻黑麒麟，非常的威風。朝廷中的大臣，紂王只怕他一個，每每讓他三分。

　　紂王七年，北海七十二路諸侯袁福通等造反時，帶兵轉戰南北的就是這位老太師。他費了十五年才把叛亂平定。等回國時，才知道紂王胡搞，已經變成個無道的君王。你看他膽敢冒犯天顏，痛陳紂王十策。

　　第一件，拆鹿台，安民不亂。

　　第二件，廢炮烙，使諫臣盡忠。

　　第三件，填蠆盆，宮患自安。

　　第四件，去酒池、肉林，掩諸侯謗議。

　　第五件，貶妲己，別立正宮，自無蠱惑。

　　第六件，斬費仲、尤渾，快人心，以警不肖。

　　第七件，開倉廩庫，賑民饑饉。

第八件，遣使命，招安於東南。

第九件，訪遺賢於山澤。

第十件，大開言路，使天下無壅塞之蔽。

紂王一看，第一件便是拆鹿台。這個高四丈九尺，上造瓊樓玉宇，殿閣重簷，碼瑙砌就欄杆，寶石明珠粧成樑棟，費時兩年四個月才完工的心所愛的鹿台！他那裡肯，隨便答應說除了第一、第五、第六三件外，一律照準。其實嘴裡說說，還不是樣樣照舊。那兩位不識時務的奸臣費仲、尤渾出班見駕，幫紂王說好話，被太師當皇帝面前打得一個門面青腫，一個跌下丹墀。

為了阻止周武王的勢力膨賬，太師親率三十萬的大軍西征。不過卻戰敗了，盡忠報國，死於子牙的道兄雲中子的手下。聞太師屬於四等馬，那雲中子屬於三等馬，比他高一等，怪不得太師會一敗塗地。

太師的人緣好，交遊廣。在和子牙對敵的三十六個戰役中，許許多多三山五岳的左道煉氣士，如三等馬申公豹、趙公明、雲霄娘娘、瓊霄娘娘、碧霄娘娘姐妹，更多的四等馬都前來幫他助戰，喪掉老命。

申公豹是子牙的師弟，不過與子牙不和。除了自己跑去扶紂王外，還到處煽動人如龍鬚虎、殷郊、殷洪等和子牙作對，可以說是全書裡最惹人厭的人物了。這個人能將自己的首級取下來，往空中一擲，遍遊千萬里後再用紅雲托接入頸項，依舊還元返本，又復能言。只是最後也難免喪命，而且死得很不好看，給二等馬元始天尊抓了去塞死在北海底。

　　峨嵋山羅浮洞，身懷定海珠，出門騎一隻黑虎的趙公明也十分的厲害。子牙就曾被他鞭死了一次，還好賴道兄廣成子將之救活。公明後來爲陸壓射死。

　　趙公明死後，他的師妹五仙姑排了一個九曲黃河陣，對抗子牙。其中使用金蛟剪、混元金斗、出門騎青鸞的雲霄娘娘最爲厲害，曾把文殊廣法天尊、普賢眞人、慈航道人、淸虛道德眞君、太乙眞人、靈寶大道師、懼留孫、廣成子、黃龍眞人、玉鼎眞人、道行天尊、赤精子等全都給拿了。通天敎主手下這匹三等馬竟然比元始天尊手下十多匹三等馬還厲害。後來，大敎主老子親自出手方才殺了這位老娘，破了此陣。騎鴻鵠作戰的瓊霄娘娘，爲二敎主元始天尊令白鶴童子把三寶玉如意祭在空中打死。騎花翎鳥的碧霄娘娘給元始天尊袖中一個盒子，連人帶鳥裝在裡面，化爲血水。菡芝仙爲子牙所殺。彩雲仙子爲李哪吒所殺。

　　老子與元始天尊以二等馬的身份踢死師弟通天敎主的徒弟衆三等馬是很失體統的。通天敎主就從來不對晚輩下手。

　　左道上的四等馬是《封神榜》上人數佔最多的一群。有如黃花山的張節、陶榮、鄧忠、辛環等甚至一聞太師的名字就滾落馬下投靠於他了。下面是一部份這方面的人物。這些人士和前面說過的其他四等馬一樣，個個長相醜上加醜，十分的怕人。

　　余化，乃蓬萊島一氣仙余元的徒弟，使用一支戮魂旛。他若向空中一舉，就有黑氣毒人。這個人後來爲楊戩所殺。

　　風林，這個人若口中念念有詞，把口一張，就有一道黑烟

噴出，那黑烟再化做一網，裡面現一粒紅珠，有碗口大小，用此打人，非常厲害。這個人後來爲黃天祥所殺。

張桂芳這個人在戰場上，有呼名落馬的工夫，就是說他一叫你的名字，你自然就從馬上跌下來。這個人空有一身工夫，可是子牙的形勢比他強，他在感到大勢已去時，自殺而死。

西海九龍島的煉氣士王魔、楊森、高友乾、與李興霸，這四人的長相難看到當紂王見到他們時給嚇得魂不附體的地步。這王魔身穿水合服，騎狴犴，執劍殺人；楊森穿皀服，騎狻猊，使用開天珠打人；穿大紅服的高友乾騎花斑豹，用混元寶珠打人；穿淡黃服的李興霸騎一隻猙獰，用劈地珠傷人。這些亂七八糟的怪獸身體又有惡臭發出。子牙這邊的戰馬都因而在臨陣時骨軟筋酥，戰將也因聞臭而紛紛跌下馬來。後來，子牙騎了他師父的四不相，才不怕這些怪獸。而那王魔、楊森終於爲金吒所殺，高友乾爲子牙所殺，李興霸爲木吒所殺。

佳夢關魔家四將，魔禮靑身高二丈四尺，面若活蟹，鬚如銅線，步行上戰場，不騎馬，使用靑雲劍。魔禮紅使一枝用明珠穿成的混天傘，展開時天混地暗，日月無光。魔禮海使用一根鎗，背上一面琵琶，撥動絃聲時，風火齊至。魔禮壽使用兩根鞭，囊裡有花狐貂吃人。周兵在佳夢關遇魔家四將的這一役，打了一場敗仗，損失一萬餘，戰將九名，帶傷者十之八九。後來，四將全被黃天化（丙靈公）用鑽心釘所殺。

作戰時，全部騎鹿的金鰲島的十大天君，練了十個陣圖，面分靑、黃、赤、白、紅，相當的厲害。子牙請師兄燃燈道人爲破陣領袖，卻仍然還是喪失了十位道友的命。

秦天君完設天絕陣，殺了玉虛宮門人鄧華。後被文殊所破。

趙天君江設地烈陣，殺了道行天尊門人韓毒龍。後被懼留孫所破。

董天君全設風吼陣，殺了身高三丈六尺的方弼。後為慈航所破。

袁天君角設寒冰陣，殺了道行天尊門人薛惡虎。後為普賢所破。

金光聖母設金光陣，殺了玉虛宮門人蕭臻。後被廣成子所破。

孫天君良設化血陣，殺五夷山白雲洞散人喬坤。被太乙眞人所破。

白天君禮設烈焰陣，被陸壓所破。

姚天君斌設落魂陣，殺了身高三丈四尺的方相。後為赤精子所破。

王天君奕設紅水陣，殺了五夷山散人蕭寶。後為道德眞君所破。

張天君紹設紅沙陣，被南極仙翁所破。

丘引是個蚯蚓得道者，他施法術時頭頂上長了一道白光，光中分開，裡面現出個碗大一粒紅珠，在空中滴溜溜轉。人看了後就神魂飄蕩，不知東南西北，任人擺佈。

除外，長三隻眼睛，面如藍靛，髮似硃砂，金甲紅袍，騎紅砂馬的溫良；同樣生有三隻眼，面如傅粉，長鬚，騎白龍馬的馬善；念動咒語，頂上現一道黑雲，雲中現一隻狗來咬人的

季康；面如藍靛，赤髮獠牙，身高一丈七八，騎五雲駝的余元；善地行術的張奎；梅山七怪，袁洪（白猿精）、吳龍（蜈蚣精）、常昊（長蛇精）、朱子眞（豬精）、楊顯（羊精）、戴禮（狗精）、金大升（牛精）；棋盤山的桃精高明、柳怪高覺⋯⋯等等等等全都是聞太師的好道友，全都跑來幫他作戰。

　　我們費這麼大的力氣寫了這許多的名字，是要說明聞太師本身是個好人，可卻交友不愼，交的全都是左道上的朋友。這些面目可憎，醜陋難看的朋友，個個心狠手辣，很勇敢，很有義氣，不知生命之可貴，不怕死是他們共同的特色。他們這種不怕死的偉大願望後來都得到實現了，個個性命報廢，嗚呼哀哉，死於戰場。

　　子牙伐紂成功後，樂昏了頭，把所有這些死去的亡命之徒全都封做神了。其實，這些東西淸一色是《封神榜》書之作者「無」中創造出來的根本就「不存在」的人物。假人死後變成假鬼，假鬼封成的自然就是假神了。這些受封出來的假神在天上擔任的職位當然全都牛頭不對馬嘴了。書之作者陸西星道士仔眞是鬼扯扯整套也。

㈦ 談《封神榜》人物

李哪吒

　　四等馬李哪吒是《封神榜》裡的一個要角。《封神榜》裡只對兩個人物的出世做了詳細的描述，一個是封神的主角姜子牙，一個就是這位李哪吒了。

　　李哪吒出世做陳塘關的總兵李靖的第三個兒子，即後人所謂的三太子。他老母生他時懷胎三年零六個月，可能是全世界懷胎最久，僅次於老子的母親之懷老子，第二名的記錄保持者了。《封神榜》說他誕生那天的透早三更，他老母夢見一個修道人走來對她說：「夫人，快接麟兒。」他老母尚未及答話，那道人就將一物推向她的腹裡。他老母驚醒之後，隨時就肚子疼了。這時也，房間內有一團紅氣，空氣中有一股異香，齣頭比耶穌誕生時還多。李夫人在夢中遇到的這個道人若說在他剛懷孕時出現的話還比較合理，在他懷孕三年半，生產之前幾分鐘臨時跑來，就實在是太不合理了。物質是不能夠無中生有的，空氣中要有紅色的氣與奇異的味都需要有特殊的分子存在，我們無法接受那些分子無中生有的說法。

　　他老母剛生他時，不是生了一個正常的嬰兒，而是生了一團圓圓的肉毬。看到的人都說李夫人生了一個妖精了。李先生

看了一下也著實嚇了一大跳，就拿劍向肉毬一劍揮去。沒想到肉毬一殺開，裡面卻跳出一個嬰兒來。這情形和日本的童話小說桃太郎從桃子裡面跳出來有淡薄類似的所在。不過，在日本若有人建桃太郎廟、拜桃太郎，難道不會給日本人笑死，罵死？他出世時，他師父，就是前面那位亂闖良家婦女閨房，在乾元山金光洞修道的太乙真人馬上又跑來收他為徒弟了。

他一出世就會跑，右手上有一個金鐲套著，肚皮上又圍了一塊紅綾，眼睛裡則有金光射出。他老母在懷孕期間到底是吃了什麼怪物了，使剛出世的嬰兒身上長出金屬，布料這種東西呢？

孩童時代的他不知道都吃些什麼，七歲時他的身軀就長高到六尺了。七歲就六尺高的孩童難免會調皮搞鬼，愛作孽。這年他做了很多驚天動地的事，包括：鬧東海；打死巡海的夜叉和東海龍王的第三兒子敖丙，而且幫他給抽了龍筋；揭龍王的鱗甲；這時他已經有將把土向空中一撒，就可駕土遁，一下遁得無影無跡的工夫了；將陳塘關城樓頂一枝自軒轅皇帝破蚩尤，流傳到商朝末年，重得無人舉得起的震天箭舉了起來，又將之射了出去，誤射射死幾百千里外的石磯娘娘的徒弟。七歲就有這許多工夫，真是鬼話連篇。

七歲的幼童出了這麼多事，冤仇人要找他老父算賬。李哪吒依照他師父的吩咐，自己剖腹剜腸，剔骨肉，還他父母，使得他無所連累於他們。一時間，他的魂魄就散掉，夭壽子一命歸泉了。

李哪吒死後，他的魂魄跑去找他師父。他師父叫他托夢給

他老母，叫他老母在翠屏山的山頂造一間「哪吒行宮」。說他在受三年的人間香火之後就可以復活，回到人世間來。李哪吒的魂魄當然就趕緊跑去托夢給他老母了。他老母把夢中的景像說給他老父聽。不過李靖不信這些胡扯，亂七八糟的東西，一概不准。李哪吒的魂魄在第二天晚上，第三天晚上，連續七個晚上跑去托夢於他老母。最後他對他老母說：「我求你數日，你全無帶念孩兒苦死，不肯造行宮給我，我就把你吵得六宅不安。」李夫人醒來之後，不敢對李先生說這些事情，自己暗中拿錢叫心腹到翠屏山去興工破土，幫哪吒弄了一座神像，真的幫他建了一座「哪吒行宮」了。

李哪吒在翠屏山顯靈，香火很旺。不過好景不常，半年後，他老父知道這件事，就跑到廟裡指哪吒的神像罵道：「牲生，你生前擾害父母，死後愚弄百姓。」說著就把哪吒的金身打得爛碎，又叫人放火將廟也給燒了。

廟沒了，哪吒未能接受香火，就無法把肉身給變回來了。他師父體念姜子牙下山的時間已經迫切，那哪吒注定要當子牙的前鋒將領，就利用金丹一粒，蓮花兩枝，荷葉三片，運功將哪吒的魂魄推進去荷葉裡，喊一大聲：「哪吒不成人形，更待何時。」「轟」一聲，哪吒就蓮花化身，從荷葉當中跳出來了。就是到二十一世紀，把全世界所有得過諾貝爾醫學獎的人聚在一起也無法將死人變成活人的事，《封神榜》的作者在數百年前，用一枝爛筆，隨便撇百多字，就輕輕鬆鬆把這難事交待過去了。台灣人說「用嘴說，較快」，小說家用手寫，也很快啊。蓮花化身後的李哪吒身高一丈六尺，比原來高一丈。手

拿火尖鎗，腳踏風火輪。真鬼見愁也。

回到陽世之後，李哪吒很不甘願他的金身被他老父打碎，行宮被他老父燒掉這些冤仇，跑去要殺他老父。好在燃燈道人送了一個寶塔給他老父，他老父才能保住老命。

李哪吒的長相非常難看，他面如藍靛，髮似珠砂。後來，他師父送給他三粒火棗，三杯酒。李哪吒吃飲之後，更是醜上加醜。因為一時刻的功夫後，他又多長出六隻手與三個頭來了。不過，《封神榜》的作者算術不很靈，說他是個三頭八臂的人。他的八隻手，一手執乾坤圈，一手執混天綾，一手拿金磚，兩手拿兩根火尖銃，一手拿九龍火神罩，另外兩手拿了兩把陰陽劍。你說若在路上碰到他，不給嚇半死才怪呢？一個人生了三頭八臂，早上刷牙得三枝牙刷，又浪費牙膏。若到飯館打工，洗菜切肉，應該會很快，只是晚間睡覺，那些額外的手，額外的頭要如何安置呢？太麻煩了。

他師父說他出生的時辰不好，犯著一千七百個殺戒，所以在《封神榜》裡，他成了一個大殺星，殺死很多很多夏朝末代皇帝紂王的將官。如：死後變成二十四天君中的鄧忠、看南天門的龐弘、哼哈兩將中的陳奇、風婆彩雲仙子、瘟部六神中的李奇、孤辰星余化、欄杆星龍安吉、計都星王豹、血光星馬忠、桃花星高蘭英、帝輅星丁策、中斗星君魯仁傑等大將全都死在他的八隻手下。

他自己長得醜，卻又馬不知臉長，不知尊重女性。你看他面對女將鄧嬋玉時，怎樣說話。他說：「妳乃五體不全婦女，焉敢陣前使勇？況妳係深閨弱質，不守家教，露面拋頭，不識

羞恥。料妳縱會兵機，也難逃我之手。」可是一仗下來，卻給鄧女士打得粉臉青紫，鼻眼皆平，漏氣極了。

一千七百年後，他又在《西遊記》裡出現了。不過，遊記裡，對於他的出世是這樣說的。天王生此子時，他左掌上有一個「哪」字，右掌上有一個「吒」字，故名「哪吒」。這太子三朝兒就下海淨身闖禍，踢倒水晶宮，抓住蛟龍要抽筋。天王知道，恐生後患，欲殺之。哪吒憤怒，將刀在手，割肉還母，剔骨還父，還了父精母血，一點靈魂，逕到西方極樂世界告佛。佛將碧藕為骨，荷葉為衣，念動起死回生真言。哪吒遂得了性命。後來欲殺天王報仇。天王告求我佛，如來以和為尚，賜他一座如意黃金寶塔。這等說法，雖然和《封神榜》裡的說法相差很遠，不過胡扯狗屁程度則非常相似。

在《西遊記》裡，李哪吒的角色很輕，也已經無能囂張了。他與悟空交了一回手，輸給悟空，輸得慘兮兮的。悟空加入西遊行列後，他就轉過頭站到悟空這邊了。遊記裡，有幾次他率領眾多的天兵天將幫忙悟空。不過這些悟空手下的敗將，放屁生風，增加聲勢是有，卻都不太會打勝仗，戰果很不輝煌。

底下，我們將李哪吒的事跡略為綜合整理一下：

1.歷史上查無此人。他是《封神榜》這本小說的作者創造出來的東西。

2.他七歲時身高六尺，後來變成一丈六尺。

3.他七歲時自殺死了，他老母幫他蓋了一座行宮，要讓他於受三年的人間香火之後復活過來。不過，半年後，這座行宮

就給他老父燒掉了。後來他借蓮花化身而復活。

4.他復活後一直要報仇，殺他老父。燃燈道人看不過去，送了一個寶塔給他老父，他老父才沒死於這個孽子的手中。

5.他有三個頭，八隻手。

6.他七歲起開始殺人，一生殺人無數。

台灣人幫他建了很多座哪吒行宮，是不是要喚醒他，不忘舊仇，得去殺他老父報仇呢？哪吒是個三頭八臂的怪物，安他的金身時，那些頭是應該三個平排，或是前中後一字排開呢？一顆頭配兩隻手，那麼那兩隻多出來的要怎麼安插呢？

我們幫他拜了三年後，他若沒成肉身，那我們拜他做什麼呢？他若真的成了肉身，那事情就大了！把柴頭翁仔拜得變成人，台灣馬上成為全世界生物科技的最前鋒。英美各國的醫生比較可愛，他們一定會爭取擔當替李先生做分身手術的重任的。我們可要開出一個價目，乘機賺一筆外匯。我們知道，世界上所有的連體嬰頂多是一個人有兩顆頭，四隻手而已，像李哪吒這種有三頭八手的樣品，就是五千年也不見得能再碰上一個。能替他做分身手術，對這些醫生來講，不但是他們一生中最大的挑戰，更是他們一生中最大的榮幸啊。比較使人擔憂的是，他變成肉身之後是不是惡性難改，跟以前一樣，繼續大開殺戒呢？我們是不是得拜託聯合國派聯軍來對付他呢？

除了哪吒行宮，各地的太子宮，太子爺廟，如高雄市的三鳳宮也同樣服事這位殺人魔王。同時，他又是玉皇大帝底下東西南北中五營神兵的總司令，俗稱他為中壇元帥。這五營神兵的觀念後來又給延伸成為屬於王爺手下的眾將官，聽命於王

爺。五營神兵的任務聽說是替王爺執行保衛村庄，抵禦邪魔歪道的。也就是說他們是正派的神兵神將，用來對抗邪派的陰邪活鬼。反正兩派都是世間人眼睛看不到的東西，很好發揮。除了太子爺、中壇元帥這些名堂外，太子元帥、羅車太子、玄壇元帥、金環元帥、金康元帥、哪吒元帥、大羅仙等也都指這位老弟。

　　台灣人又特別會替沒掌兵權的其他神明著想，於是就通通有獎，讓大道公、媽祖、佛祖、萬善爺、大眾爺等等全都過癮，全都帶兵，全都統率五營兵了，反正總司令剛好是小孩童李哪吒，好講話。

　　眾神明請李哪吒這種殺人魔做保鏢，剛好造成民眾對神明的敬畏與驚惶，台灣人人性的光輝就這樣長久被奴役，長久束縛在這種不健康的民間信仰裡面了。

　　為著提升台灣人心靈的光輝，為著台灣人人性的自由能夠得到解放，台灣人啊，拜託拜託，要拜李哪吒，要建哪吒行宮，要建太子爺廟，先了解他是什麼碗膏才來拜，才來建，好嗎？

㈡談《封神榜》人物

《封神榜》裡的神

　　姜子牙之所以封神，《封神榜》書裡說是因為昊天上帝命仙首稱臣的結果。也就是說昊天上帝要實行專制，獨掌天上眾神的統治權。那麼這位昊天上帝到底是何許人物？從那裡來的？為什麼他有這個權威？可惜書裡對這麼重要的課題沒有交代清楚。為什麼這事又交給元始天尊去負責？元始天尊是昊天上帝的什麼人？可惜也沒有交代。書裡，元始天尊又把這事交給姜子牙去執行了。

　　昊天上帝要統治的「神」，又是從那裡來呢？書裡是說由「死鬼」晉昇來的。那麼有什麼本能的死鬼才有資格成神呢？很遺憾，我們在前面的文章提到過的人物，絕大多數，不管好壞良莠，阿貓阿狗，死後就都給姜子牙封為神了。其中，大多是由「不存在的人物」變成的「不存在的死鬼」晉昇來的。書裡，這些真假死鬼之變成神是經過先錄取、後分發兩段手續的。首先，他們的鬼魂必須到子牙設的封神台報到，由柏鑑登記名字，完成錄取手續。周武王伐紂成功後，再由子牙分發到各部門去任職。不過，有不少死鬼並沒有到封神台去登記過，後來也照樣榜上有名，沒錄取就分發了。辦事馬馬虎虎，封神

也一樣。

第一位受封的神竟然就是受理眾鬼魂到封神台報到註冊的這位軒轅皇帝的元帥柏鑑。他受封爲三界首領八部三百六十五位清福正神，狗屁名堂長得很。封神榜上原來預備錄取三百六十五位的正神，讓百姓一天拜一個，剛好一年拜完一個循環。不過，放榜後，榜上卻多出了六名，共三百七十一名。辦事馬虎，或是姜子牙收了紅包了？

這些「正神」，依照他們在生時的身份來源約略可以分做四類。

1.紂王王室。紂王一家人死後全家福，沒有一個不被廢物回收的。紂王給封爲天喜星，姜皇后給封爲太陰星，西宮皇后賈氏給封爲貌端星，馨慶宮楊妃給封爲紅艷星，二兒子殷洪給封爲五穀星，大兒子殷郊給封爲值年歲君太歲。

2.紂王朝野中的忠臣義士和奸臣們。如眼睛中長出手，手掌中再長出眼睛的楊任受封爲甲子太歲。他和殷郊兩人統率了十名的日值眾星，其中包括身高三丈六尺的顯道神方弼，和三丈四尺的開路神方相兩兄弟。近年來諸多廟裡胡亂新設的什麼六十甲子的太歲頭就是楊任和殷郊兩位。

3.三山五嶽的煉氣士。如王魔、楊森、高友乾、李興霸等受封爲凌霄寶殿前的四大元帥。魔家四將魔禮青掌青光寶劍一口，魔禮紅掌碧玉琵琶一面，魔禮海掌混元珍珠傘一把，魔禮壽掌紫金龍花狐貂一隻，受封爲四大天王，立地水火風之相，掌風、調、雨、順四職。這類人物全是書的作者，憑空想像創造出來的虛幻、「不存在」的東西，他們個個也成了神，而且

佔榜上最大的數目，百分之九十以上。

　　4.其他。姜子牙的前妻馬氏給封爲掃帚星，肥水不落外人田。

　　若依照封出來的神職來分的話則可分爲八部，即上四部雷火瘟斗，下四部群星列宿，三山五岳，布雨興雲，善惡之神也。

　　聞太師受封爲九天應元雷神普化天尊，率領雷部，興雲布雨，統率雷部二十四位護法的天君，也就是負責何時起風，何時打雷，何時下雨這重要角色。煉就那十絕陣而自絕於十絕陣的十大天君在這裡已擴大編制，增加到二十四位了。這裡面包括彩雲仙給封爲興雲神、金光聖母給封爲閃電神、菡芝仙給封爲助風神，跟他們在生時的名號拉上了點關係。今天，這批貨有很多都蹲到台灣人的廟裡去了。不過，大部份的廟都只隨便挑兩三個充數，似乎沒有把二十四名全部派上用場的。問題是聞太師這頭銜其實是空的，他並沒抓到實權。《西遊記》裡令涇河龍王於某時某日下多少雨，令鳳仙縣三年不得下雨的都是玉皇大帝直接下的聖旨。將來李應元繼承太師這個職位時希望有所轉機。

　　羅宣受封爲南方三氣火德星君，率領火部五位正神。注意，這些傢伙是要讓森林、工場、住家等起火，引起火災，不是幫忙救火的。

　　呂岳主掌瘟惶昊天大帝，率領瘟部六位正神。注意，這些傢伙是要讓你生病的。生病時，可千萬別拜他們，免得越拜越糟。

　　金靈聖母，就是聞太師的師父，勢力最大，受封爲斗母正

神，坐鎮斗府，居週天列宿之首，爲北極紫氣之尊。率領五斗星君二十八名、吉曜惡煞正神一百十五名、九曜二十八宿、三十六天罡、七十二地煞等二百八十五名的星君和八萬四千名的小卒。狗屁勢力這麼大，可卻看不出幹的職務是什麼？後人所拜的斗姥星君就是他老身。

　　妲己的老父蘇護給封爲東斗四星君中之一位。黃天祿、孫子羽給封爲西斗五星君中之兩位。周文王的兒子邑考給封爲中天北極紫微大帝。黃天祥、比干、竇榮、蘇護的兒子蘇全忠等給封爲北斗九星的成員。比干同時又是個文財神。

　　群星中，鄧九公給封爲青龍星、殷成秀爲白虎星，聽說這兩位後來從天上下凡了好幾次，譬如薛仁貴就是白虎星轉世。徐蓋給封爲太陽星、魯雄爲水德星、杜元銑爲博士星、太鸞爲披頭星、商容爲玉堂星、龍鬚虎成了九醜星、金成爲陰錯星、馬成龍爲陽差星、孫合爲五窮星。高蘭英給封爲桃花星，王母娘娘和昊天上帝生的龍吉公主給封爲紅鸞星，那位身高數丈，一餐吃一頭牛的鄔文化給封爲力士星等等。

　　黃飛虎，這位五岳的首領，給封爲東岳泰山天齊仁聖大帝之職，執掌幽冥地府一十八重地獄，總管天地人間吉凶禍福，也就是兼任第一任的閻羅王了。他在這個職位不知幹了多久就不幹了，後來聽說閻羅王已換成包公在幹了。其他蔣雄、崇黑虎、崔英、聞聘等分別給封爲西南北中四岳的什麼什麼狗屁大帝了。在台灣，拜東岳大帝的很多，拜其他四岳的不多。台南市的東嶽殿，宜蘭的嶽帝殿都供奉東岳大帝。在飛虎仙擔任東岳大帝兼閻羅王之前陰間似乎是無政府狀態，說不定那時的死

鬼過的日子反而比較輕鬆愉快呢。

其實，陰間的事該留在陰間處理，東嶽殿、嶽帝殿、閻羅殿等既然是陰間的東西，就不該搞到陽間來。陽間是人生活的空間，把台灣弄成人鬼同住的地方不是台灣人之福。

飛虎仙的兒子之一黃天化受封為管領三山的正神炳靈公。百年來，日本人、國民黨人砍伐台灣人的檜木、扁柏，這三山正神怎麼連屁都沒放一聲？

雲霄娘娘、瓊霄娘娘、碧霄娘娘，三位給封為感應隨世仙姑正神，凡人之生育俱從此化生也。就因「凡人之生育，俱從此化生也」這句話，他們就給當做註生娘娘，或註生媽來拜了。單單《封神榜》就出現了兩起的註生娘娘了。另外一起，就是那位女媧娘娘（九天玄女）了。

雲霄姐妹的師兄趙公明受封為金龍如意正一龍虎玄壇真君之神，下面率領招寶天尊蕭昇、納珍天尊曹寶、招財使者陳九公、利市仙官姚少司等四位正神，即武財神也。台灣民間所奉祀的武財神有兩位，另一位牌子比較大，就是那仙紅面的關帝聖君。鄭倫、陳奇受封為哼哈兩神。余化龍為主痘碧霞元君之神，率領五方主痘正神。

那位最惹人厭的申公豹給封為分水將軍。不知他分的是什麼水，是把水分成雨水、河水、井水、海水、溪水、尿水、肥水……的將軍？這些水得勞動他來分嗎？

大奸臣費仲給封為勾絞星，尤渾成了卷舌星，崇侯虎成了大耗星，飛廉與惡來也成了冰消瓦解之神……

如此這般，世人拜太陽就是拜徐蓋，拜月娘就是拜紂王的

大某姜皇后了；紅鸞星動時、桃花運來時、事情做得陰錯陽差時，我們知道是誰在搞鬼了；生得標緻、生得醜，我們知道是誰掌握的；身軀無銀子、火災、水災、生病、長牛痘，我們都知道是誰在搞鬼了；博士論文寫不出來時知道該找誰了；英國的披頭搖滾樂隊是有東西在後面保庇他們的；有的人舌頭長，我們也知道爲什麼了。……是這樣嗎？那鄒文化一餐吃一頭牛，一天要消耗三頭牛，誰供奉得起啊？那方弼，方相，也不是好惹的。……吃一頭牛難道不要花半天的工夫，一天吃三頭牛，那來時間保佑世人？

王魔等幹凌霄寶殿前四大元帥，那鬼見愁的凶相，當玉皇大帝的保鑣，保護玉帝的安全是可以理解的。其他那些傢伙受封後所負的職責，絕大部份，我們就看不懂，完全搞不清他們到底是幹什麼來的了？我們把他們在生時的所做作爲和所封的神職對照一下，就不難發現他們全都學無專長，牛頭對不上馬嘴了。那徐蓋跟太陽，姜皇后跟月亮，中間有什麼關連呢？那殷洪五穀不分，怎樣當五穀星？黃飛虎怎麼執掌幽冥地府一十八重地獄？雲霄姐妹那來能力擔保女人懷孕生小孩？趙公明擔當武財神，比干幹文財神，是不是你有銀子不讓賺，他們就武嚇文攻，恐嚇你？

魔家四將恐怕連空氣流動而成風的道理都不懂，如何掌風調雨順之職？那聞太師連基本氣象學都沒修過學分，那裡懂得如何興雲布雨，控制雷電雨量？這麼重要的位置由這些不學無術的角色擔當，那能勝任呢？經驗告訴我們，一次再一次，再一次，多少風多少雨都是該起不起，該下不下，該不起起，該

不下下，顛七倒八。這是魔家四大天王無能呢？是太師無能呢？是昊天大帝無能呢？無論如何，都是些不稱職的笨神。

唉，紂王朝野那些忠臣義士是值得我們敬佩，令我們感動，卻也沒到要拜的地步。其他那些貨色，能成什麼「神」呢？封他們這些莫名其妙的神職，他們就能去執行嗎？再說，這些東西若要向你我報告，你我都會感到厭煩，偏偏這昊天上帝程度低到肯接納他們，願意做他們上司之地步？

除了子牙，應該更正為《封神榜》小說的作者陸西星道士封出來的這三百七十一位正神之外，《封神榜》上沒名字，後來給補上神位的書中人物還有姜子牙、太上李老君、三清道祖、通天教主、女媧娘娘、千里眼、順風耳、神農氏、海龍王、慈航道人、文殊菩薩、普賢菩薩、南極仙翁、燃燈道人、三目楊戩、李天王、李哪吒……等等。不僅如此，這些傢伙還後來居上，個個成了更大牌的神明了。

我們在前面的文章說過，這些「神」大半以上而且還是生前為非做惡的角色於死後給封出來的。拜這種惡神，是台灣人心靈上的集體創傷、集體中毒啊！他們許多又都長相十分怪異難看，極其恐怖。如：面如鍋底、面如青靛、面如滿月、面如重棗、面如活蟹、頭似駝、項似鵝、鬍似蝦、鬚似銅線、耳似牛、身似魚、手似鷹、足似虎、髮似硃砂、眼睛暴突、眼如金鈴、牙齒橫生，出於唇外、頭生三目、海下赤髯、兩道白眉、手臂長翅、青臉獠牙、三頭六臂、三頭八臂……等等。可憐，台灣的孩子們就在目睹他們的惡相，心中產生害怕恐懼，心靈受創這種非常不健康的社會教育環境中長大。我們小時候有過

這種痛苦的經驗，為什麼到今天還繼續讓下一代忍受同樣的痛苦？

　　唉，世上也許有真神的存在，只是《封神榜》推出的這近四百名，卻可以肯定都是假的。不過這個道教史上規模最大又最成功的造神成果，令我們不得不對陸道士這造神公司刮目相看，甚至屈服於他有出產品質惡劣之神的自由。只是這些神本來是封在天上，為稱臣於昊天上帝而出廠的。我們多麼期待他們守本份，好好留在天上，留在他們該留的地方啊！

　　偏偏有許多陸道士的兒子孫子們，一方面繼承先祖的造神產業，繼續造神，一方面又把先祖手創的這許許多多不三不四的假神請到人間來了。今天，在台灣的廟裡，這些假神佔所有台灣的神種的近半，約三百名。本來這些「不存在」的東西，世人根本就不需理他。因為不理他，不拜他，他們也不能對我們怎麼樣，「不存在」的東西怎能怎麼樣呢？可笑又可悲的是，活在二十一世紀的台灣人，食衣住行育樂都很二十一世紀了，心靈和智慧卻還停留在原始時代，停留在拜「不存在」的東西這層次上。一邊願打，一邊願挨，配合得很好。這本神怪小說之殺傷力確實是太不可思議啊！

　　有趣的是，昊天上帝苦心積慮要仙首稱臣，令元始天尊封神，元始天尊叫子牙封出來的這些神明在《西遊記》的作者捧出玉皇大帝之後，卻全軍覆沒，全給玉帝黑吃黑吃掉了。昊天上帝的蹤跡，他的影子在玉皇大帝出現後就完完全全的消失掉了。於是「談《封神榜》人物」系列就此打住，下回我們就開始來談《西遊記》的人物了。那是另一波造神運動的高峰。

孫悟空

　　盤古是從宇宙蛋孵出來的，孫悟空則是從石頭蛋孵出來的。宇宙蛋孵出的沒有成為《封神榜》裡的要角，石頭蛋孵出的卻成為《西遊記》的靈魂，成為記裡最受歡迎的人物。讀《西遊記》，經常會令人有悟空若還在世，天下就不會這麼亂了的感覺。

　　那年，在東勝神洲，傲來國，花果山的山上一塊老仙石懷了胎後生下了一粒石蛋。這一天，悟空就從該石蛋孵出來了。長大後，他身高近四尺，在猴族中算是很高大的了。不過他的樣子長得不怎麼好看，既像雷公，又像螃蟹，眼睛頭髮都呈黃色。他替住在那角勢的那群猴山仔尋到那水簾洞，使大家得以起風有處躲，下雨好存身，霜雪全無驚，雷聲永不聞。結果給那些猴子猴孫封為花果山的千歲大王。他又交情廣，在花果山結交了牛魔王等六個有頭有臉的弟兄。

　　他在花果山當了三百多年的猴王之後，因體會到人生之無常，乃立志修道，想得個長生不老之術，將有限之生命換為無限之生命。主意打定後，第二天他便離開花果山，不辭辛勞，遠涉天涯，參訪仙道。他在訪仙途中已然看破世人都是為名為

利之徒。他後來的人生對於名還有點計較，對於利便看得十分的淡薄。

　　他參訪仙道的意志非常的堅定，走過東西兩大海，數大洲，費了八九年，最後才遠渡到西牛賀洲。他在須菩提祖師的指導下，完成了「長生不老」、「七十二變」和「騰雲」三個學位。因爲他天資聰明又認眞打拚，在很短的十年就拿到了這三個學位，所有其他的同學都沒人在這麼短的時間內完成這些學位的。學業完成之後，他就懷有善能隱身遁身，起法攝法，上天有路，入地有門，步日月無影，入金石無礙，水不能溺，火不能焚的法身了。

　　少年時代的悟空是一位心地純潔的俠義英雄。得了法身之後的他回到花果山時，看到舊日家園慘受混世魔王之蹂躪，景況悽涼，今非昔比。於是就馬不停蹄，立即跑去跟魔王算賬了。他把給魔王抓去當勞役的猴子猴孫帶回花果山，重整花果山。

　　他從混世魔王手裡得了一口大刀，不過看不順意，就跑到東海龍王那裡去強借了那枝大名鼎鼎的如意金箍棒了。原來，古時候，大禹治水時用了一枝量江海深淺的定尺。大禹治水後，這枝定尺放在東海龍王那裡生銹，三千多年來一直都放在那裡，幾成廢物沒人要。這悟空看了中意，就拿去用了。有了這隨身武器，悟空便法寶、法身兩全，全身法力無窮了。不過，看不過去，又愛鬧事者卻說悟空是在大鬧龍宮了。廢物利用，物盡其用，怎麼搞成大鬧龍宮了呢？那龍王還小題大作，打了小報告，告到玉皇大帝那裡，說了很多悟空的壞話。

悟空因不甘由閻羅王來決定他的生死，乃跑到地獄去，將名字從生死簿裡擦掉，以有限生命換無限生命也。那些沒事找事者又說他大鬧地府了。實在講起來，天上的神仙，西方的菩薩，那一個不是生死簿上無名，而長生不老的呢。悟空有能力將名字從生死簿上擦掉，就說他大鬧地府，這樣公平嗎？誣賴賢人！

沒事找事者又說他大鬧了天庭。這就更冤枉了。事情是這樣的：

悟空生性非常看低權勢。他不把龍王、閻羅王放在眼內，玉皇大帝，也沒在他眼內。第一次見玉帝時，他連正面行個禮都不肯呢。對於權位，他也全然不計較。玉帝封他「弼馬溫」，叫他養馬，他就養馬。接任後，盡忠職守，把天上那一千多匹天馬飼得每匹都又肥又壯。半個月後，才發現玉皇大帝封他的竟然是個不入流的小官「弼馬溫」。馬兒飼得肥只給讚美一句「會飼」。若飼瘦了，就得受責備。要是馬兒受了傷，或有其他任何差錯，便算是犯罪，得受處罰。悟空了解這些情形之後，自尊心受到打擊，生氣之餘，馬上離開天上，回到花果山老家。不過，這時的悟空卻連回到自己的家園的自由都沒了。玉皇大帝派的天兵天將隨即下來要抓他了。有趣的是，天上這些傢伙，若說吃仙桃、仙丹、飲仙酒，他們的確是有一套，不過打起戰來，就得多多拜託，多多包涵了。沒三兩下，個個就都給悟空打得東倒西歪了。

這時候的悟空已然看清楚那玉皇大帝是個無能，又不會用人的傢伙了。他對前來挑戰的天將傳話說，叫玉帝升我為齊天

大聖，自然天地清泰。如若不依，時間就打上凌霄寶殿，叫他龍床坐不成。顯然，他已更進一步，根本就瞧不起這位玉皇大帝了。

後來，玉帝使用邊打邊談的戰略，派太白金星來和談。太白金星就是那位那時候其實還沒出世的大詩人李白。遊記的作者沒有時間觀念，讓這位年紀負一百多歲的人物當了和平使者，承認悟空爲「齊天大聖」。邀請悟空二上天庭。

這「齊天大聖」聽起來很威風，實際上卻仍然是沒薪水好領，沒有實權的空名而已。不過悟空還是對這些世俗不予計較。他交情好，天上衆仙許許多多都成了他的朋友了。他叫福祿壽三仙老弟，稱太白金星小名。這情形，把特務情報局的許旌陽眞人搞得心慌意亂，怕他廣結衆星宿，暗集兵力，閑中生事，乃啓奏於玉帝。無能的玉帝竟然叫悟空管理蟠桃園去。不明白猴子喜歡吃桃，種下日後出事的因源。

悟空第二次上天庭後，仍然受到相當大的排斥。什麼蟠桃會、丹元會、仙酒會都沒他的份。他在管理蟠桃園時難免採些蟠桃吃了，不，他把一千二百棵最上等的蟠桃都吃光了。在無意中他又吃了些仙丹，喝了些仙酒。那些當權派就裁定這是造反的行爲，判他「十惡」的大罪了。玉帝一下子，動員了十萬個天兵天將去對付他一個。悟空總不能打不還手，直直站著，讓他們抓去啊。爲著自衛，大家動起手腳，怎能說他在大鬧天庭呢？最後，天庭借重外力，聘請西方的如來佛，用先進的法力才將悟空降伏了。

這件事發生時，他對如來說過這樣的話，「因在凡間嫌地

窄，立心端要住瑤天，凌霄寶殿非他久，歷代人王有分傳，強者為尊該讓我，英雄只此敢爭先。」又說，「他（就是玉帝）雖年幼修長，也不應久佔在此，常言道，皇帝輪流做，明年到我家。他若搬出去，將天宮讓我，我就放過他。」此時也，他已有彼可取而代之的意思了。你看，此時之悟空是多麼光彩，多麼好漢啊！這種擔當，這種氣派值得我們讚美，肅然起敬！悟空一輩子的名望也於這段時間達到最高峰了。

　　四百多年前的《西遊記》裡就有這麼進步的言論。後世在二十世紀的末葉卻仍然還有人堅持一黨永遠專政，父子相傳，永坐帝位！這種心態基本上比《西遊記》時代更加落後啊！台灣人說頭殼歹去，指的就是這個了。

　　如來佛把悟空壓在五行山的下面，一天二十四小時派特務仔監督。悟空肚子餓時，就給吃鐵丸仔，口渴時，就給溶化的銅汁飲。如此苦毒他苦毒了五百年！悟空在這種環境下消耗了半世人的青春，燃燒掉半世人的生命！

　　五百年後，悟空被三藏救了出來，回復了自由。照理說應該得東山再起，好好發揮才對。不過，歲月不饒人，年老使人失去鬥志！更加令人惋惜的是，他自由自在沒多久後，那位大慈大悲的觀世音菩薩就幫他戴上一頂帽子了。菩薩教三藏用這頂帽子來控制悟空。但逢悟空意見和三藏不合，三藏一念菩薩所教的咒，悟空就得痛苦到翻筋斗，面紅耳赤，眼脹身痳，腦門欲裂的悲慘地步。

　　悟空的膝蓋非常的硬，一輩子只對他的授業恩師須菩提祖師、如來佛、和觀世音菩薩三個彎過，就連玉皇大帝也沒能讓

他彎膝。在平頂山那一役，爲著收除一個妖道，他變做一個小妖，去向那個老妖道跪。他心想，「苦啊，算來只爲師父受困，故使我受辱於人！」想著想著，就流了很多的英雄淚。這頂帽子，只因這頂帽子，悟空竟然痛苦到跪倒在地上哀求三藏，哀求三藏不要繼續念那個咒的地步！

這件「戴帽案」是悟空一生一世生命尊嚴的分水嶺。從此，悟空就完完全全失去獨立自主的人格，變成讓主子牽著鼻子走的傀儡了。悟空少年時代，英雄俠義的本色也就輕輕的，因爲戴上這頂帽子整個破產，瓦解了。往事不堪回首！往事不堪回首！往事不堪回首啊！

西遊路上，他拚生拚死，幫三藏除妖降魔，行善積德，終究不過是在替三藏備辦回復佛籍做鋪路的工作而已。最後，悟空竟然落魄到和三藏、豬八戒這群不三不四的傢伙一起成佛的地步！

除了上面這些大事，讓我們也談談有關於他的一些小事。悟空做事，處處都在爲別人設想。他到地府去時，不但把自己的名字，也把他猴族的名字全部都除掉。他受邀上天庭前，對他的部屬說：「我去看看，那裡若好住，就帶你們一起去那裡住」。在他參訪仙道途中，曾遇到一位砍柴的人，他就再三邀請那砍柴的人一起去。他看到花果山的衆猴使用木製的刀、竹篙做的武器，不夠防敵，就幫他們找兵器。他從天上回到花果山後，又專程跑回天上，只爲著拿幾罐仙酒回來給衆猴子享用，好讓大家都得個長生不老。

在兩界山那裡，三藏將他從五行山救出之前，他叫三藏走

遠些，免得他出來時山崩的震力傷害到三藏。在觀音院那裡，他要到黑風洞找黑大王前，吩咐觀音院的和尚說，看師父的要怡言悅色；養白馬的要水草調勻。在五莊觀那裡，他因為推倒鎮元子的人參果樹，鎮元子用七星鞭要打三藏，他怕三藏給打壞了，就說，偷果子的是我，吃的推的都是我，怎麼不先打我，打他做甚？連說兩回，被打了六十鞭。他答應走遍天涯海角也要還鎮元子人參果樹，臨行前，就交待說，要好生服事我師父。每日三茶六飯，不可欠缺。衣服污穢與他漿洗，臉兒黃了些兒，我不要，若瘦了些，不出門。

　　離開五莊觀不久，白骨夫人變了一個月貌花容的十八少女，一個年滿八十的老婦，與一個老阿公。悟空火眼金睛認得出是妖精所變，就將三人都打死了。三藏卻聽信八戒的胡言，寫了一紙貶書，遞於悟空說，「執此為照，再不要你做徒弟了。如再與你相見，我就墮了阿鼻地獄。」悟空接了貶書，對師父說，「我也是跟你一場，你請坐，受我一拜，我也去得放心。」三藏不肯接受。他就變了三個悟空，連本身四個，四面圍住師父下拜。那三藏躲不脫，好道也受他一拜。鳥盡弓藏，兔死狗烹，英雄揮淚回花果山去。

　　後來八戒來請他歸隊，他說，他（三藏）倒不是趕我回來，倒是教我來家看看。見三藏前還先下東海，洗去妖精氣，因為知道師父愛清潔。在火雲洞那裡，他因紅孩兒的三昧真火吃了虧，一身著了烟火，急忙中，投入澗水內救火。怎知被冷水一逼，火氣攻心，三魂出了舍。後來虧八戒救了他，醒來後，他說的第一句話竟然是「師父啊」。

對於所討厭的事他就動手打，或勸人打。住花果山附近的一千多戶獵人因抓了些他的猴子猴孫去醬煮醋蒸、油煎鹽炒，或跳圈做戲、翻觔斗、豎蜻蜓，當街玩耍，結果全讓悟空給結束了生命。在車遲國那裡，他和虎力大仙賭看誰會求雨。他就吩咐執行打雷的鄧天君乘打雷之時，多打死幾個貪贓壞法之官，迕逆不孝之子以資示眾……

有關悟空的小事可以談的實在是太多了，最了解他的沙悟淨和龍馬都對他佩服不已呢。不過，悟空也並不是什麼完美的角色。他喜歡貪小便宜，喜歡人家叫他外公。他絕對是向「實力」屈服的，他拜佛祖、拜觀世音，稱二郎眞君爲大哥，都是例子。

總的說來，悟空的一生可以分成五個階段。一、在花果山稱猴王，三百多年。二、出門遊學，凡二十年。三、鬧三界，約一百三十年。四、在五行山服刑，凡五百年。五、隨三藏西遊，十四年。他少年雄姿英發，壯年悽慘服刑，老年只當傀儡。

台灣賭博業的業者不了解悟空正大光明，純潔高貴的心性，忘了悟空猴性發作時也會殺人，忘了悟空喜偷不喜賭，竟然供奉悟空當他們這行業的守護神。拜他時，既不懂得巴結，稱他一聲外公，又點香燻他，不曉得他最怕「烟」。唉，這些人實在膽大，不怕悟空生氣，用金箍棒打下來。他那金箍棒一往地上用力，就陷入地下三尺深，你當眞受得了他用力一棍？

一九六〇年時，全台灣有七座拜這位《西遊記》的作者創造出來的石頭英雄，香火還稱旺盛。彰化南天宮就是其中的一

座。哼！叫悟空幫他最瞧不起的玉皇大帝守南天門，牛頭不對馬嘴，難道不惹悟空生氣？今天各地的齊天宮可能已不止七座了。不過，冤枉啊，這些廟裡供奉的孫悟空竟然都是戴帽子的，做傀儡的孫悟空，不是沒戴帽子的純潔俠義的孫悟空。唉，悟空一生一千年的活動史上，戴帽子的時間不過是短短的十四年而已。他給後世人的印象卻仍然是戴帽子的!?

　　從另一個角度看來，孫悟空什麼妖魔鬼怪，什麼艱難困苦都不怕，卻最怕靜著坐著，不能動。在車遲國時，虎力大仙要跟他打賭誰能坐禪坐得久。你聽他說：「若是踢天弄井，攪海翻江，擔山趕月，換斗移星，諸般巧事，我都幹得；就是砍頭剁腦，剖腹剜心，異樣騰挪，卻也不怕；但說坐禪，我就輸了。我那裡有這坐性？你就把我鎖在鐵柱上，我也要上下爬踏，別想坐得住。」這項比坐禪事件竟是悟空一生中唯一推辭掉的挑戰。叫悟空靜靜的，乖乖不要動，坐在齊天宮保佑你？恕難照辦！再說，悟空本人笑傲江湖，天上、人間、地獄，他每處都跑透了，連天下九洲的皇帝他都不肯幹了，怎麼有興趣呆在這些小小的齊天宮裡，吃冷豬肉呢？

　　看官若有機會到花果山去遊玩，肯定在那裡還可以看到那粒仙石，其實只是一粒普普通通的鵝卵石而已，根本從來就不曾孵出個孫悟空來！《西遊記》，孫悟空，只該以趣味性的幻想小說，小說人物來欣賞。拜孫悟空就是在拜石頭，石頭怎能保佑人呢？或許，我們許多信徒的頭都是石頭做的，那就另當別論了。啊！都已二十一世紀了，拜石頭，你難道不感到怪怪的，感到臉紅？

卍談《西遊記》人物

海龍王

　　《封神榜》裡，李哪吒七歲時鬧了一次東海。那一天，哪吒同家將走出陳塘關，才一里許，因為天熱難行，就到樹蔭下去納涼。沒想到樹旁邊有一條九彎河，清波滾滾，綠水滔滔。那哪吒因為一身是汗，就坐在石頭上，把七尺混天綾放在水裡，取河水洗澡。

　　那哪吒怎知這九彎河乃東海之口。當他將混天綾放水中擺動取水時，已經乾坤震撼，把那水晶宮晃得亂響了。東海龍王敖光就令巡海夜叉李某到海口去看是何物在作怪？夜叉遵命，到海口一看，見哪吒用紅羅帕取水洗澡，搖動宮殿，兩下言語不合，李某就持一把斧頭往哪吒頭上砍來。哪吒還手，使乾坤圈即時將李某打得腦漿變豆腐，死於岸上。

　　龍王的第三太子敖丙知情後，調出龍兵，分開水勢，拚出水晶宮來。一時浪如山倒，平地水面高出數尺。他仇人一見，分外眼紅，使一把戟直往哪吒刺來。那哪吒忙中不亂，提起乾坤圈照頂門一下，就把龍太子的元身打出來了。哪吒道：「把他的筋抽了，做一條龍筋索！」自說著真的就將三太子的龍筋抽了。後來敖光要上奏天庭，為愛子報仇，卻在途中遇上了哪

吒，反被揭掉了四五十片鱗甲，痛得只叫饒命。好一個膿包龍
王也！

這就是所謂的哪吒鬧東海了。民間戲劇裡還很喜歡演這幕
戲呢。

《西遊記》裡，悟空鬧三界的第一站就是鬧東海。原來古
人頭腦簡單，沒什麼學問，把想像中的天下的海分成東西南北
四個，再每個設一龍王統治就了事了。以今天的了解，就得改
成某某洋的洋龍王，而不是四海的海龍王了。四海之中以東海
爲大，要鬧當然就鬧東海。

悟空在西牛賀洲須菩提祖師那裡完成學業，回到花果山之
後，從混世魔王手裡得到了一口大刀。不過他不慣於使刀，所
以跑到東海龍王那裡要求一件順意的兵器。因爲那東海既在李
哪吒家附近，也剛好和水簾洞的鐵板橋相連，和悟空是好鄰
居，悟空上那兒很方便。

東海龍王敖廣見悟空來勢洶洶，心中怕怕，很有禮貌的招
呼他，稱他爲「上仙」。叫人拿了一把大捍刀、一把三千六百
斤重的九股叉、一把七千二百斤重的方天戟出來。不過悟空都
看不中意，覺得太輕，使不出力氣。後來看上了那根大禹治水
時用來量江海深淺的定尺，就是那根重一萬三千五百斤，頂港
有名聲，下港上出名的金箍棒。之後，悟空一不作二不休，乾
脆又索了南海龍王敖欽一頂鳳翅紫金冠，北海龍王敖順一雙藕
絲步雲履，西海龍王敖閏一副鎖子黃金甲。這就是所謂的悟空
大鬧龍宮了。

龍王在悟空面前十分的巴結，不過一轉身，跑到玉皇大帝

那邊打小報告時就醜化悟空，稱悟空爲「妖仙」了。龍王這種雙面人的小人作風令人討厭。不過不打不相識，後來悟空一有空，就會跑到龍宮探望一下老相識，龍王也每次都熱烈招呼，泡茶待客。

這四位龍王都是敖家班的親兄弟，《封神榜》裡那四位也是敖家班的親兄弟。不過《封神榜》那班的名字叫敖光，敖順，敖明，敖吉，跟《西遊記》這班一同三異。看來只有北海龍王老長壽，其他三位都換龍了。不過，換來換去，同樣都是他們敖家班的人馬。哼，專制王朝家天下，水晶宮也一樣。

除了東西南北海有四海的龍王之外，井裡也有井龍王，河裡也有河龍王。大凡有水的地方就有龍王也。現在時代進步，家家戶戶安有水龍頭，就是那水龍頭的源頭也是有條水道龍王的。這裡單談四海龍王的妹婿涇河龍王這一條。說來說去他們一家都當了龍王。

那年，玉皇大帝下令涇河龍王於某時某日下三尺又四十分的雨。這隻不成龍因爲和城中的卜卦仙袁守誠打賭了五十兩的銀子，誤聽手下臭頭鰣軍師的話，就沒遵玉帝的旨意，延了兩個鐘頭才打雷，慢兩個鐘頭才下雨，慢兩個鐘頭才收雨，又少下了三寸八分的雨。如此搞定之後，跑去見守誠仙，說所卜之卦不靈……趁早走路，饒你死罪！說完，又將守誠仙的招牌拆掉，筆、硯也給摔得碎糊糊，極其無禮又極其無理。守誠仙卻回答說：「你違了玉帝敕旨，改了時辰，扣了點數，犯了天條，剮龍台上難免一刀……」龍王一聽才知道自己犯了滔天大罪，嚇得驚破膽，趕緊跪在地上，哀求守誠仙想個辦法救他一

命。

這隻不成龍，誤聽小人言，不識大體，死要面子，只想贏得打賭錢，公家事馬馬虎虎，隨便應付！後來就因這件事，被太宗皇帝的宰相魏徵先生把頭給搬家了。

龍的遺傳基因很奇特，涇河龍王在生前和太太就生了九條典型的雜種龍，叫小黃龍、小驪龍、青背龍、赤髯龍、徒勞龍、穩獸龍、敬仲龍、蜃龍、與鼉龍。應俗語所說龍生九種，九種各別也。其中那條最小的鼉龍，最不成氣候，強佔了黑水河河神的府，在那裡欺負弱小。

有人喜歡當龍的傳人，殊不知每條龍都是突變之種，搞不好變成一條恐龍，土龍，蟒蛇，或泥鰍。極不光彩。

傳說海裡的魚蝦都是龍王的子孫。台灣的打漁人拜海龍王，求他們保佑下網下到對處，好多抓些他們的子孫賣給海鮮店。你說龍王們不感到啼笑皆非？不過也有說他們是掌管下雨的施雨正神而拜他們的。在火雲洞那裡，悟空為紅孩兒的三昧真火所困，就曾商請四海龍王前來施雨救火，可卻不見效，熄不了火。過去幾年，每當風颱來時，他們卻又大雨下個不知停。救火不成，卻知製造水害，不都證明他們是些不稱職的笨神。唉，海底是有大小龍蝦，龍蝦王，可那來什麼海龍王呢，亂拜一氣！

海龍王不該拜，海洋可是該受尊重的。因為海洋是地球上的生命之母，是孕育所有生命起源的溫床。海洋生命生生不息，人類的生命才有生生不息的可能。海洋若死，人類的生命也將終止。台灣四面臨海，台灣人就應該特別尊重海洋，也就

是特別尊重海洋生命的生存權。

尊重海洋生命的生存權的首要工作有兩項。一、保持海洋生態環境之乾淨；二、不過量捕捉海裡的生物。過去我們亂倒垃圾，拋塑膠袋，放工業廢水，放化學毒品……進入海洋，污染海洋，眞是罪大惡極啊。另一方面，讓我們不要再追殺海豚了，不要過量捕捉懷胎的黑甕串、烏魚母，不要再到南極補捉南極蝦回來當飼豬的飼料了，不要大魚捉完捉小魚……不要對他們一網打盡啊！

卍 談《西遊記》人物

閻羅王

　　台灣民間受著道教與佛教的影響，幻想中的陰間設有地府，指揮官在《封神榜》裡是東嶽大帝，在《西遊記》裡變成陰冥教主地藏王菩薩。不過，又有人主張是酆都大帝的。道士仔嘴，胡亂發揮。台南市中心的東嶽殿的店主恐怕善男信女拜漏鈎，乾脆三尾都供應，第一殿供奉東嶽大帝，第二殿供奉地藏王菩薩和十殿閻羅，第三殿供奉酆都大帝。

　　東嶽大帝就是紂王朝臣，後來倒戈到周武王那邊的那位黃飛虎仙死後由姜子牙封出來的，到今天仍然有效！地藏王菩薩是佛教人士因感地獄之恐怖，爲了替陰間亡靈找出路而精心設計出來的地獄救主。酆都大帝又給稱爲炎帝大庭氏，名慶甲，爲天下鬼神之大元，治理酆都山，每三年交替一次……也就是說就是神農氏了。黑白臭彈，狗屁至極。

　　指揮官的下面則設有第一殿到第十殿的十殿森羅，或稱十代冥王，或十殿閻羅也。這些十代冥王照順序爲秦廣王、楚江王（初江王）、宋帝王、五官王（忤官王）、森羅王（閻羅王）、卞城王、泰山王、都市王、平等王與轉輪王。這麼說閻羅王在陰間的地位是相當於五院院長之職了。新竹市的東門街

有一家東寧宮，拜秦廣王，每年於二月一日幫他做生日，竟然不怕其他九位提出抗議。

道教又有稱閻羅王爲酆都大帝的。哼，目無尊長！又說地獄設在中國四川酆都縣的巨岩之下。地獄則由十八層擴大到一百三十八層了。中國人多，地獄設在那裡相當方便。十八層地獄不夠用，擴大到一百三十八個也是可以理解的。無論如何，這是接受佛道兩敎而成的地府思想，用來強化人死後得到審判，善者受賞，惡者受罰之道理。冥王右執利劍，左執衡器。咦，難道冥王是親手動刑來著？

閻羅王，梵文Yamaraja，原印度吠陀神話中第一個人間之死者也。又有說是大神所貶之天神，而爲死者之王。Yama是嚮導之意，後來演變成地獄之司法神了。印度人的狗屁神話眞的是不少。

於是，人死後，到陰間將報到手續辦好之後就得到十殿閻羅那裡等候審判。亡靈按照他們在凡間的行爲接受賞罰，然後分別到十八層地獄去服刑。譬如說：在世間犯殺人放火者，得入銅柱地獄，接受擁抱紅燒銅柱之刑；犯竊盜詐欺爲非作歹者，得入油鼎地獄，接受炸油鼎之刑等。聽說昔日國民黨的大官虎很多又在這兩個地獄碰頭了。這個銅柱地獄的構想大概是從《封神榜》裡妲己設計的炮烙刑學來的。至於生前的善士則不必入地獄，直接走過奈何橋，就可以上西天了。看官，多行行善事啊，請了。

受刑之後則分別分發到六道去輪迴。行善的，昇化仙道；盡忠的，超生貴道；行孝的，再生福道；公平的，還生人道；

積德的，轉生富道；惡毒的，沈淪鬼道。當年唐太宗遊地府完後就是從超生貴道這個門回到陽間的。奇怪，這個土皇帝，那算是什麼盡忠的角色？這六道，在佛教的說法卻又不一樣，相當的麻煩。佛教叫天道、人間道、阿修羅道、畜生道、餓鬼道、與地獄道。言論自由，任君選擇，只有等待親身去體驗方知真假也。

因為我們手中缺乏地獄的相片或錄影帶，對於地獄的了解只能以宗教家、小說家頭殼黑白想，嘴黑白講，手黑白寫出來的東西為準了。有趣的是這些黑白想，講，寫出來的東西，講的，看的，一傳十，十傳百，久而久之卻就變成住在同地方的人共同信以為真的東西，麻木的變成生活文化的一部份了。

《西遊記》寫到孫悟空、唐太宗、劉全和寇洪等少數人去過地獄的事。悟空是來去自如，其他的人則只來回一次，第二次去後就都不再回來了。

悟空第一次去是在喝醉酒睡著時去的。夢裡的事本來就非常好發揮。那年悟空剛好三百四十二歲。那天，有兩個勾死人，手裡拿了一張批文，上寫「孫悟空」三字，用一根繩子一下就把悟空的魂靈索了去。他們把悟空一直帶到一座城邊，那城上有一鐵牌，牌上有「幽冥界」三字。悟空此時漸覺酒醒，頓然醒悟，「幽冥界乃閻王所居，何為到此？」那兩個勾死人不知好歹，拉拉扯扯，定要拖他進去。這悟空惱起性來，拿出金箍棒，略舉手，算兩個公差倒霉，頓時給打成肉醬。

從這裡，我們學習到兩件事。第一、不懂漢字的人，最好不要到地獄去，因為去了，會迷路，會很麻煩。第二、陰間的

鬼死後會變成肉醬。不知那天上的神仙死後是不是會變成肉酥？

　　悟空到森羅殿時，慌得平時作威作福的十代冥王急整衣來見，排下班次，應聲高叫：「上仙留名，上仙留名！」悟空回答：「你既認不得我，怎麼差人來勾我？你等是什麼官位？」十王躬身道：「我等是陰間天子十代冥王。」悟空道：「快報名來，免打！」十殿冥王報名時，悟空順勢往森羅殿上正中間向南面那最大的位置坐了下來。叫十王快取生死簿來。十王那敢怠慢。悟空將簿上自己跟猴屬類但有名者一概勾消。悟空酒醒後就回到陽世間了，方便得很。從此，悟空就長生不死，不屬閻羅王管轄了。管轄人之生死本是閻羅王的專職，面對悟空時他卻只能乾瞪眼，一點辦法都使不出來!?

　　這十代冥王吃軟怕硬，在悟空面前何等恭敬，不過轉一下身子，打小報告到玉帝那裡時就誹謗悟空是隻「妖猴」，說悟空「打滅陰間鬼使，驚傷十代慈王。」臉不紅，氣不喘，稱自己為慈悲之王呢！雙面小人作風，令人討厭。

　　銅台府地靈縣的寇洪先生一生好善，卻在六十四歲時給一夥十幾個凶徒給殺了。死後，地藏王菩薩收他做個掌善緣簿子的案長。不過，銅台府刺史正堂大人卻誤斷寇洪是三藏師徒殺的，把三藏等抓了。後來悟空把來龍去脈打點清楚後才破了案。這悟空一路觔斗雲，一下子直至幽冥界，一頭就撞進森羅殿。這回秦廣王說話了，「寇洪善士，也不曾有鬼使勾他，他自家到此……」悟空只好跑到翠雲宮找地藏王菩薩。這菩薩也說話了：「寇洪陽壽，止該掛數……既大聖來找，我再延他陽

壽一紀。」

　　把他殺的誤斷爲自殺的，秦廣王辦事這麼馬虎，眞是太豈有此理！悟空只是出現，甚至不曾說情，這地藏王就手腳發軟，不敢得罪，一下就把寇洪的陽壽延長了十二年。地獄不是總審判的所在？怎麼又講起人情來了？法之不行，自上犯之，地獄也然！這寇洪先生糊裡糊塗跑到地獄轉了一趟，又糊裡糊塗跑回來了，不過卻淨賺了十二年的歲壽，很划算。只是死而復活，可把家人給嚇壞了。看官將來死後最好還是不要有復活的打算，免得嚇壞親朋好友。

　　唐太宗於貞觀十三年也遊了一次地獄。那年，他病入膏肓，死了。到陰間後，遇到管生死簿的判官崔珏。就拿魏徵宰相寫給崔珏的信給崔判官。崔判官看了後知道是昔日好友拜託他行行方便，送太宗皇帝回陽間也。果然他就將生死簿上太宗名下註定的一十三年偷改爲三十三年了。這樣，太宗死後三天就又回到陽世間來了，淨賺了二十年的歲壽。崔判官如此大膽狂妄，閻羅王竟被蒙在鼓裡，至今還毫不知覺呢！看官若想要多活個十二年，二十年，除了找悟空幫忙外，找魏徵、找崔珏、找地藏王菩薩也都是可行的。那邊到底還是很有人情味呢！

　　遊地府時，太宗皇帝答應閻羅王說回陽間後一定派人送陰間沒有生產的南瓜到陰間孝敬。回陽間後，他就公佈了一個招賢榜，要招賢人進瓜到陰司去。這招示公佈不久，竟然有個叫劉全的前來應徵了。原來這劉全和他太太李翠蓮女士因小事爭吵，李女士竟然自殺死了。劉全後悔不已，覺得活著沒趣，乃

服毒進瓜死了。當他把兩個南瓜送到閻羅王處時，閻羅王高興得不得了，直呼過癮，叫道：「好一個有信有德的太宗皇帝。」哼，小百姓的小命就這樣白白犧牲在陰陽兩界的當權者的談笑之間啊。

閻羅王受用之後，感到送瓜人的忠貞可愛，一時好奇，查看了生死簿，方才發覺劉氏夫婦都有登仙之壽，急急忙忙差鬼使將他們送回陽間。不過，李氏歸陰日久，屍首已然無存。閻羅王道，太宗皇帝的妹妹李玉英今該促死，可借屍還魂也。

俗語說閻王叫你三更死，沒人敢留到五更。這劉全夫婦卻不該死而死。小百姓的小命怎麼這麼不受尊重，任其胡勾？等知道弄錯，卻又隨便抓個替死鬼，搞什麼借屍還魂，黑白套，成何體統。

宋朝，包公時代，有一年。屈申先生被人用繩子勒死，白玉蓮女士因事上吊而死。後來兩人分別被人解開繩子，解開吊布之後竟都又復活過來了。不過復活後，竟然屈先生男身女魂，白女士女身男魂，陰錯陽差，搞反了。閻羅王啊！拜託拜託，你的手下辦事太過馬虎，你當上司也真太不負責了。

另外，烏雞國的國王被一個妖怪殺死了，那妖怪變做國王的模樣，佔了他的三宮六院，四百文武。死後，他想到閻羅王那裡去申告。可是那妖怪卻已打點好了，十代閻羅都已成了他的異姓兄弟，申告個屁？

《西遊記》時代，陰間這十代冥王都是只有王號，沒名沒姓，沒出生年月日的角色。他們辦事的效率既差而又不公正，令道教的人士相當的頭痛，於是偷偷的，想把閻羅王給換掉。

新手就是包龍圖，包公先生也。下面談談這位新閻羅。他可是
《七俠五義》造神公司推出來的產品。其他九名卻留任，繼續
呆在那邊鬼混!?惡勢力難除啊。

　　包公，宋朝廬州府合肥縣包家村人也。他父親叫包懷，家
資鉅富，人人都稱他包百萬。母親周氏，生了包山和包海兩個
兒子。這包山忠厚老誠，妻子王氏也是三從四德之好人，好得
給稱爲王賢人。那包海卻是個尖酸刻薄，奸險陰毒之輩，妻子
李氏，也是心地不端，兩人剛好合做一擔。包山生有一子，尚
未滿月。包海則未生有子女。

　　這一年，年近五十的包老太太卻又懷孕。這包百萬念念夫
人臨盆之苦痛，奶哺之勤勞，終日在那裡悶悶不樂。這一天，
他正獨坐在書房裡扗龜（打瞌睡），朦朧之間，只見半空中，
祥雲繚繞，瑞氣氤氳，猛然紅光一閃，落下一個怪物來，頭生
雙角，青面紅髮，巨口撩牙，左手拿一銀錠，右手執一硃筆，
跳舞竟奔面前來。包百萬大叫一聲，醒來卻是一夢。此時，丫
環來報，夫人老蚌生珠，產了一子。包百萬一聽，但覺家門不
幸，生了個妖邪，看也不看那嬰孩一眼。

　　包海的太太李氏向包海說：「好端端的，二一添作五的家
當，如今弄成三一三十一了。」叫包海想個主意。包海說聽老
當家的說夢見一個青面紅髮的怪物從空中掉下來，誰知就生此
子，必是田裡的西瓜成了精了。李氏便叫他告訴老當家，說古
書上說妖精入門，家敗人亡的多了，勸老當家將嬰孩拋棄郊
外。包海果眞如此游說他父親。這包老頭一聽，竟然完全同
意，還說將來你母親問起，就說嬰孩落地不多時就死了。

　　包海高高興興的把嬰兒拋於郊外。沒想到陰謀爲包山之妻聽到了，告訴於包山。這包山趕緊跑出去又將之撿回來。王賢人將西瓜精接來，抱在懷裡。這西瓜精因肚餓，將頭亂鑽，賢人乃將奶頭放西瓜精口內餵哺。此時，包山又著急了，說房裡忽然有了兩個小孩，別人看見豈不生疑？這王賢人一不作，二不休，乾脆將自己的兒子寄到別人家撫養。就這樣，西瓜精吃他大嫂的奶水長大了，因爲長得黑，名字就叫三黑。

　　這三黑，九歲開始隨家庭教師讀書。第一天，先生念「大學之道」時，他就接下去念「在明明德」了。把個先生樂死了，想說教了一個天生的料子，鐵定將來有出息。果然三黑十六歲考上生員，後來中了進士，最後幹到宰相。因爲官位爬得太快了，怕人不服，宋仁宗皇帝賜他御札三道幫他。

　　包公一生大部份的時間都在開封府上班，手下有謀士公孫策和展昭等七俠五義。那公孫策就皇帝賜的御札設計了龍虎狗三把鍘刀。包公判案六親不認，現判現刑，十分嚴謹。判後，執行人員就依犯人的品級用這三把鍘刀斬頭。

　　包公雖居宰相之位，幹的卻是法官之職，其辦公室則儼然像個法庭。他的判案大的牽涉到皇帝的妃子爭生皇子、爭得后位、大臣爭權奪利等，但大部份都是地方官員地方惡霸搶奪民女、謀財害命、丈夫或妻子離奇死亡、情殺姦殺這等狗屁案件。他在搜查案情時則經常有菩薩引路、鬼魂透露案情等事，辦案比美國中央情報局省事多了。不過，他最常用的卻還是將犯人施之重刑，打得皮開肉裂，不得不招供。有的還來不及招，就給刑死了。

斬頭是重且殘忍之刑。當時的人就曾批評他判刑太重了，很多不該死的也給斬了。可能因為殺人太多，他六十四歲上就死了。因為《七俠五義》書裡的第一頁有一句話說他「晝治陽間，夜治陰間」，他死後，就給傳說說他當了第五殿的閻羅王了。只是，不知他現在是專職的呢，還是仍然陰陽各半，兩邊跑？說他幹閻羅王與說關公幹天公，倒有異曲同工之妙。

台灣民間有很多拜包公的廟。奇怪，幹正事的，他根本不會找你麻煩，拜他幹麼？幹那傷天害理之罪的，他可是鐵面無私，遲早會揭穿你的底細，用那三把鍘刀侍候你的，你怎麼拜，他也不會領情。倒是司法界的朋友，案子太離奇時，求他提示點迷津是可行的，不過，得千萬小心，你若是有錢判生，沒錢判死，他肯定是不會放過你的。有一點特別要提醒的，就是拜包公時，注意不可以燒香，不可以燒金紙，他的臉已經夠黑了，你再用這些東西燻他，刺激他，他是會不高興的。

人活在世間，是個很單純的一元世界。不過死後卻給分發到神和鬼兩個不同單元的世界，神住在天上，鬼住在陰間，這是不合理的。以前是姜子牙，各朝的土皇帝主持這項神鬼的分發工作，現在可就不知道了。當年姜子牙和那些土皇帝若將所有死去的都封做神的話，那麼人死後仍然又都同樣到神單元的世界，鬼單元的世界就不存在了，這就比較單純合理。姜子牙和這些土皇帝犯錯的惡果，使得分發到神世界的占少數，分發到鬼世界的占絕對多數。於是有鬼是過去的人，人是未來的鬼的說法。

在這個地球上住過的，死去的是活著的的五倍，於是我們

若相信鬼的話，鬼比人就以五比一佔優勢了，而且今後這個優勢只會愈來愈強，這對人是非常不利的。鬼的形勢比人強，人最好是專心只做人本份內該做的，不要跟鬼們鬼混。如此，也好讓鬼世界裡的鬼專心去做他們本份內該做的。這樣才能彼此相安無事，快樂平靜。東嶽大帝、地藏王菩薩、酆都大帝、包閻羅王、十殿閻羅，請留步，以後請不必到陽世間來了，陰間的鬼口越來越多，夠你們留意，夠你們忙的了。

卍 談《西遊記》人物

玉皇大帝

　　《西遊記》記載玉皇大帝從小時候就開始修道，經歷過一千七百五十個大劫。每劫十二萬九千六百年，然後才享受到高天上聖大慈仁者玉皇大天尊玄穹高上帝，這個無極大道的至上尊位。也就是說他出現在《西遊記》時年紀應該是二億二千六百八十萬歲以上了。

　　那麼他是出生於恐龍統治地球的時代了，人類得二億二千一百多萬年後才出現呢。這樣，這玉帝是什麼動物得道的呢？六千五百萬年前，那個比哈雷彗星還大的星體，撞擊到地球，造成地球上四分之三的物種，連恐龍都滅種了。這玉皇大帝如何逃過這個大劫數呢，而且還跑到唐朝初年（西元六百年），參與成為《西遊記》裡的配角人物呢？

　　我們不清楚讓玉皇大帝之成為玉皇大帝的劫是些什麼樣子的劫。《西遊記》裡三藏是在遭遇了八十一個大劫之後而成佛的。《封神榜》裡，仙道比神道高，神道比人道高，人道又比鬼道高。然而在《西遊記》裡神仙合成為一道，而多了西方的佛祖菩薩道。在遊記裡佛祖菩薩道比神仙道要高一層。假如說玉帝所遭遇到的劫和三藏所遭遇到的劫在性質上有類似的地方

的話，那麼那些劫實在都不是什麼難以忍受的，有很多甚至是輕鬆愉快的經驗呢。那麼有資格當上玉皇大帝的就應該有很多人選了？然而，那天宮的統治權畢竟是操在他手上啊。

《西遊記》裡沒有明說他出生的年月日，出生的邦國城鄉，《玉皇經》裡才有說明。不過《玉皇經》所說的那一位和《西遊記》裡這一位好像不是同一位。那《玉皇經》是這麼說的：從前有國稱光明妙樂，國王叫淨德王，后稱日寶光，因老而無子，死後恐社稷委付無人，憂念不已。一夜夢天神抱一嬰兒來，王后大喜，恭敬禮接，天神嘉后品行，王后雀躍夢醒，覺而有孕，懷胎一年，於丙午年正月初九日午時誕生太子，長輔佐國王，整國政，愛撫人民，行慈善，散財寶，救窮乏困苦，國王崩後，他讓位於大臣，跑到深山修練，功成歷八百劫，不惜犧牲，超度眾生。宋真宗封之為玉皇大帝。這種造神八股看了令人生厭，又無法相信。

你看，人家老子的媽媽懷老子懷了八十一年，李哪吒的媽媽懷哪吒懷了三年六個月，北極玄天上帝的媽媽懷上帝公懷了十四個月，這玉皇大帝這麼大尾，他媽媽至少也得懷個三千年才夠份量，懷一年就生，太隨便了吧。才經歷八百個劫，也太小氣了。奇怪，活動在地面上的皇帝封活動在天上的皇帝，怎麼個封法？寫一份公文通知？派人傳上聖旨？

總之，他是怎麼來的，我們就是再花一萬兩銀子，二萬個日子苦找文獻也不可能找到令我們滿意的答案。我們只好不談這些，單單談他的日常起居、辦事能力、待神處事等。因為他畢竟是台灣民間信仰裡最最大尾的。了解他到底是什麼樣子的

至上神，拜起來比較心甘情願。

　　可惜，我們沒辦法知道他平時一日三餐都吃些什麼。他那裡也是一日吃三餐的吧，因為悟空到那裡住的那陣子是一日吃三餐的。我們只知道他在宴請賓客時，菜單上出現了龍肝，鳳髓，熊掌，猩唇，珍饈百味，異果殽色，玉液瓊漿，香醪佳釀等等。開飯時，餐桌上是八珍百味，那舞臺上則有眾仙子，仙娥，美姬，美女唱歌的唱歌，跳舞的跳舞。他和眾天神天將，連貴賓釋迦牟尼佛都會盡興到底，個個飲得醉而朦朦。開丹元會時就吃那長生不老的金丹，開蟠桃會時自然有那蟠桃好吃……

　　可憐，我們這些凡間的凡民，四時備辦拜他的卻都只是些凡雞、凡鴨、凡豬、凡羊、凡白米飯、凡酒、凡四果……人家看了都要倒盡胃口，煩都煩死了。

　　真遺憾，我們也不知道他平時穿的是什款衣服，應該是比我們在廟裡所看到的他身上穿的那種不答不七的好些吧。我們知道他的部屬穿的可是絳紗衣，戴的是芙蓉冠，頭殼頂插玉簪，腳底下穿珠鞋哩！

　　他住的所在金光萬道滾紅霓，瑞氣千條噴紫霧。南天門是用琉璃和寶玉所建成的。兩邊站了數十員的鎮天元帥，員員頂梁靠柱，持銃擁旄。四下列十數個金甲神人，個個執戟懸鞭，持刀仗劍。外面還好，入內驚人。廟裡有幾枝大柱，柱上纏繞著金鱗耀日赤鬚龍。又有幾座長橋，橋頂盤旋著彩羽凌空的丹頂鳳。看來，他的住處戒備很森嚴，倒像軍事法庭呢。

　　這天上有三十三座的天宮和七十二座的寶殿。一宮宮脊吞

金穩獸,一殿殿柱列玉麒麟。壽星台上有千千年不卸的名花,煉藥爐邊有萬萬年常青的繡草。那朝聖樓前則絳紗衣,星辰燦爛,芙蓉冠,金壁輝煌。玉簪珠履,紫綬金章。那凌霄寶殿則是金釘攢玉戶,彩鳳舞朱門。複道迴廊,處處玲瓏剔透,三簷四簇,層層龍鳳翱翔。上面有個紫巍巍,明幌幌,亮晶晶。唉,法國那凡爾賽宮說不定都引誘不了他住一夜,台灣這許許多多的凡凌霄寶殿,他那有興致光臨呢?

出門時,他坐的是裝有九光寶蓋的八景鑾輿,旁邊有樂隊聲奏玄歌妙樂,另外有人散寶花,噴真香。比起他住的地方,辦公的所在,他出門時這種派頭並不怎麼粗,不如你我開轎車,我們又有飛機輪船好坐。他食衣住比我們好,行終於比我們不行啊。幸好他會騰雲。

天鼓一響,萬聖朝王,這玉帝就開始上班了。這時,就有天妃幫他搧葵扇,玉女幫他遞仙巾。朝廷內站著惡面的掌朝天將,氣昂昂的護駕仙卿。正中間,琉璃盤內放許多重重疊疊的太乙丹,瑪瑙瓶中插幾枝彎彎曲曲的珊瑚樹。正是天宮異物般般有,世上如他件件無。金闕銀鑾並紫府,琪花瑤草暨瓊葩。朝王玉兔壇邊過,參聖金烏著底飛。遇到有人上表,旁邊自有引奏仙童和傳言玉女接上表文。氣派啊,氣派!只是殺氣重重,極權統治到底不如民主政治來得和氣。

受他統治的都是天神、天仙、天兵、天將。那裡的治安應該是很好才對啊。可是,非常奇怪,在天宮裡外,門禁卻都相當的森嚴。在東南西北四個天門那裡,都有天兵,天將日夜當值固守著。悟空第一次上天庭時就給鄧忠、張節、辛環、陶榮

四大天將阻擋在南天門外哩。我們實在無法相信，天上會有流氓，賊仔，黑道，白道這款人物？他們是在害怕什麼，防備甚人？

咦，鄧忠、張節、辛環、陶榮這四大天將不是《封神榜》封出爐的嗎？我們再看看玉皇大帝的統治班底：王母娘娘、南極仙翁、燃燈道人、李天王、李哪吒、三清道祖、五斗星君、凌霄寶殿前的四大元帥、掌風調雨順之職的魔家四將、雷部正神聞太師、九曜二十八宿、三十六天罡、七十二地煞、千里眼、順風耳、二十四位護法的天君等等等等不全都是《封神榜》裡的人物嗎？

原來這玉帝在《封神榜》裡只是個小角色，也並沒有統領天上眾神之跡像。《封神榜》所封出來的，預定臣服，受昊天上帝統治的眾神在《西遊記》裡卻全都給玉帝吃掉了。這天宮的統治權現在是他玉皇大帝的了！不知這政權的轉移是和平的或是經過流血的？我們只知道這玉皇大帝一出現，那昊天上帝就不知跑到那裡去了，而且去得無影無蹤，從此音信全無！

玉皇大帝的辦公大樓，凌霄寶殿的派頭是十足了，現在讓我們來看看他的辦事能力。我們由幾件案子來看。

第一件：孫悟空案

孫悟空鬧龍宮，鬧地府之後，龍王和秦廣王啓奏上書，懇乞天兵，收此妖孽。玉帝當他們面前傳旨，你們回去，我馬上遣將擒拿。不了一轉身，卻又採納了太白金星的招安論，改變主意，不但不遣將擒拿悟空，反倒封悟空一個「弼馬溫」的官

職。心無主見，講話出爾反爾，聖旨亂彈，無法取信於群臣也。

悟空做事非常盡職，而且不計名利。他將天上那些馬兒養得每匹都肥壯而勇猛。不過，不久之後他發現這「弼馬溫」乃一不入流的小官職，他自尊心受到摧殘，不肯繼續呆在那裡，就跑回他的故鄉，花果山去了。這件事令悟空體會到玉帝是個不會用人的傢伙。

悟空沒提辭呈就走，玉帝認定悟空欺負龍王、秦廣王事小，目中看不起他，豈可忍也，萬萬不可。玉帝派的天兵，天將隨著就下來要抓悟空了。有趣的是，這些善食仙桃、善飲仙酒的貨色，作戰卻不怎麼行。一下子就給悟空打得落花流水，東倒西歪了。悟空開出條件，由李哪吒傳達，要玉帝封他為齊天大聖，如若不肯，就將打上凌霄寶殿，叫他龍床坐不得。這玉帝一聞言，驚訝道：「這妖猴何敢這般狂妄！」著眾將即刻誅之。他這個從昊天上帝那裡得來的政權現在竟然面臨考驗！對於挑戰者，只有「即刻誅之」一刑，別無考慮。

不過老朽太白金星又獻計說：「我們為何不賜他一個有官無祿的空位，來安撫安撫他呢？」玉皇大帝竟然問道：「什麼叫做有官無祿？」天啊！有官無祿都不知道意思，難道連士官學校都沒畢業？

後來，孫悟空就得了這個「齊天大聖」的頭銜了。不過這名號聽起來很威風，其實仍然是沒有實權，沒有薪水好領的。

悟空受封為齊天大聖之後，在天上四處交朋友，今日東遊，明日西蕩。那位忠貞愛主，搞政戰情報出身的許旌陽眞人

怕他搞組織，出事情，上奏於玉帝，得讓悟空有事做，不能閑著。玉帝隨即親口對悟空說：「你且權管那蟠桃園，早晚好生在意。」不了解猴子愛吃桃，怎會做出這種決定呢？

玉皇大帝對待部下，可是絕對不公平的。什麼蟠桃會、丹元會，都只有那些親近他的老神仙受到邀請，別人是沒有權利參加的。當玉帝聽說悟空偷吃蟠桃、仙酒、仙丹之時，他感受到他的特權已經動搖，先是悚懼，繼而大惱，而大驚失色！那些善拍馬屁的老神仙也真能體諒領袖的心情，大家同心協力，沒經偵訊，就判悟空犯了「十惡」之大罪。

他們不管後世人會笑他們不識字又無衛生，一下子動員了十萬個天兵、天將去對付悟空一個。這十萬個飯桶中包括在《封神榜》裡神氣過的李靖、李木吒、李哪吒父子、四大天王、九曜、二十八宿等等。結果還是沒法子戰勝悟空。後來，觀世音菩薩推薦玉帝的外甥，顯聖真君來，才打了個勝戰。這位顯聖真君，即二郎真君，就是《封神榜》裡那位有七十二變術的三目楊戩也。楊比悟空老資格，故以勝也。

原來玉帝身邊竟然沒個賢能之臣！唯一有能力的這位顯聖真君，卻給趕落凡間，呆在灌洲灌江口吃人間冷飯！顯聖真君完成任務之後，玉帝把原先成功之後，答應「高陞重賞」改為「小賞不陞」。隨便賞賜些沒用的金花、御酒、還丹、明珠、錦繡之後，仍然又將顯聖真君給趕回灌洲灌江口了。

悟空被抓後，玉帝令人將之碎剉其屍。他們用大刀殺他，用斧頭砍他，用鎗刺他，用劍割他，放火燒他，放雷電電他，用釘子釘他，又把他關進去八掛爐內用文武火燒了七七四十九

天，也就是我們凡間的四十九年！恨難消，恨之深啊。他們一心一意要把悟空給燒成火灰才甘心！唉，為著一些仙桃、仙丹、仙酒，玉皇大帝啊，你未免下手太重了！

後來，虧悟空仍然還是逃脫這場大災難。悟空逃脫後，這玉帝應該再度調動顯聖真君應敵才對。不過，大概害怕顯聖真君功高震主，這玉帝卻借重外力，聘請西方的釋迦牟尼大佛前來幫忙了。佛法無邊，悟空果然逃不出如來的五指之內。

悟空在取經途中，曾有一次和一隻六耳獼猴變的假悟空糾纏不清，互相廝打，邊打邊喊，打到天庭，請玉帝分辨真假。這玉帝聽到這些吵鬧聲，慌慌張張，忙從龍床上爬了起來，即時上凌霄寶殿辦公。你聽他大聲喊說：「你們兩個為了甚事鬧天宮，跑來這裡尋死！」嘴說大話，用於掩蓋心中的驚惶。堂堂至高無上的大天尊到底做了多少虧心事，怎麼老是心中不安，心中怕怕呢？

悟空案令我們看到玉帝是個不會用人，不敢用人之昏君。他不會用悟空，弄得對悟空姑息養奸，狼狽萬千。不敢用顯聖真君，對顯聖真君只好疏遠。圍在他周邊吃飯的都是些沒用的老朽，如太白金星、太上老君之流。少壯派的李天王、三太子等卻又不是力足以鞏固江山之能臣。我們不曾看過他施展法力，他也很少表示意見，因為他怕露智慧，怕給看輕，他以懼治神。不過，我們終究還是看透了，他腦裡無墨水，胸中無主意，心中有恐懼，出言而無信，親小人而遠賢臣……他只不過是個不入流的統治者而已！

第二件：沙悟淨案

捲簾大將，沙悟淨本來是在凌霄寶殿幹玉帝保鏢的衛士。有一次，他在一個蟠桃會正在進行當中，不小心弄破了一個玻璃盞。玉皇大帝就將他打了八百板，再將他趕落下界。使他變成個赤腳、黑面、紅毛、獠牙、曲疴的怪樣。又命令部下，每七日用飛劍刺他的胸坎一百多下。

不小心弄破玻璃盞是件令人生氣之事沒錯，也應該受處罰。不過，這項罪過難道眞的這麼重，得處這麼殘忍的酷刑？顯聖眞君有大功而受小賞，沙悟淨有小過而得重罰！

其實遊記裡因小過而受他重罰的例子還有很多。如：豬八戒只因帶酒戲弄嫦娥就給打了二千鎚，然後給趕落凡塵。西海龍王的太子因燒了殿上的明珠給吊在空中，打了三百下，就要殺了。

這待殺的犯人後來又因觀世音菩薩講情給免了。他那裡，那有什麼法律可言？

第三件：鳳仙縣案

天竺國，鳳仙縣的縣長有一次和太太冤家吵架，將拜玉帝的牲禮推倒了去餵狗，又大聲罵粗話。這時，運氣不好，給這位正在雲遊四海的老頭碰上了。他就下令使鳳仙縣的百姓受苦，三年不得下雨。

這個惡政實在厲害。你看三年後，鳳仙縣變成如何：

所有百姓的田，古井，全都乾枯了。

河流，水溝的水，全都變淺了。

草子不生絕五穀。

富有的人家還勉強可以維生。

貧窮人家都已經沒法子活下去。

一斗米喊到一百兩銀。

一把柴價值得五兩。

十歲的男孩子只能換三斤米。

五歲的女孩子隨便就讓人帶走。

到處都有人當衫當物過日子，打劫搶人來活命。

十戶人有九戶在啼哭，三停有兩停人餓死。

這樣還不夠額，玉帝又命令人推了一座十多丈高的米山，一座二十多丈高的麵山，和一個一尺三四寸大，用金子做的鎖，那鎖的鎖挺有指頭兒大。說要等到一隻雞兒將那米山啄完，一隻狗兒將那麵山吃盡，一盞燈火將那金鎖燒斷，他才要下解除禁雨的命令。也就是說，要讓鳳仙縣的百姓活得一點點兒希望都沒有！

這個案件，論罪應該是那個縣長一個人的罪過而已。怎能夠連坐到整城的無辜百姓呢？玉皇大帝啊，你實在是殘忍、衝動、又失去理性啊！

除了這些，那捲簾大將沙悟淨和天蓬元帥豬八戒被貶到凡間之後都靠吃人過日子，奎木狼下界之後也咬吃了一位宮女。井星打敗辟寒兒後也生吃辟寒兒的肉。他的部屬下到凡間後個個都形同餓鬼，吃人過日，為什麼？他玉皇大帝要不要負行政上，至少道義上的責任呢？他對奎星說，上界有無邊的勝景，

你不受用，卻私走一方，何也？

　　原因是他根本不了解他治下的天上的生產力太差，小神小仙的生活處境相當困苦這些事實。王母娘娘不是種了三種蟠桃嗎？其中第一種得三千年才成熟，第二種得六千年才成熟，第三種要九千年才能成熟，而且每棵的產量又少之又少。悟空在天上每三兩天才去偷摘偷吃一次，結果不到半年就將那九千年才熟的一千兩百棵桃子全部都吃光了。太上老君不知花費了多少時間心血才煉了五個葫蘆的金丹，大概也沒幾個，不是也給悟空一下子就吃光了嗎。那七仙女，永遠只穿單色的衣服。蟠桃會，玉皇大帝宴賓客時準備請數十百位客人享用的八珍百味，悟空也一個人全給吃光了……在天上，物質普遍欠缺，想吃一頓飽飯，相當不容易啊。這些，他玉皇大帝是不會了解，也沒有能力去了解的。

　　從他對上面所提到的這些案件的處理方式，我們可以看出玉皇大帝是個沒常識，心胸既窄又惡毒，不知部屬疾苦，不會用人，賞罰不明，聽命忠誠的可以呆在他身邊吃飯，不聽命的可處死刑……的無能老朽。代表真善美的神絕對不該是這種貨色。他從昊天上帝那裡得了政權，難道就讓他永遠佔在毛坑不拉屎？唉，悟空當年造反有理啊。

　　其實，受他統治的天上眾神若忍耐得住他的無能，那是他們家的事，活在不同空間的我們也管不著。我們只有一個小小的請求，就是請他守本分，留在天上，不要跑到人間來。我們這裡不歡迎他來。

　　從另外一個角度看，《西遊記》裡並沒有提到他有保佑世

人之能力或意願。可是，台灣民間的法師、道士仔卻把這隻（或這尾）不知什麼動物成道的東西像裝瘋子似的裝成五六十歲近乎於人的神像，把他供奉到廟裡，凌霄寶殿裡，承受人間烟火，讓世人誤以爲他會保佑人。道教人士把玉皇大帝跟「天公」畫成等號是非常惡劣之舉。從此百姓原來敬天的好風俗竟然淪落到拜這位亂七八糟的混蛋之地步。

　　台北市民權東路的行天宮供奉關公。信徒說現在「天公」已經傳到第十八代，由關公在做了，全名叫「玉皇大天尊玄靈高上帝」。又說這是五敎的敎主，孔子、老子、釋迦、耶穌與穆罕默德共同推薦的。眞是一派的胡言亂說！天公絕對不是用輪的，若是用輪的，就是再五千年也還輪不到他關某。甘地、華盛頓、亞歷山大大帝、成吉思汗、牛頓、愛因斯坦……都還在排隊呢！

　　天，天公是無形的，無所不在的宇宙的主宰，絕對不是他玉皇大帝，更絕對不是關公，我們千萬不可以如此污蔑天公。把天公彫成木刻，點香燻，燒金紙燻，放鞭炮吵，都是極其不當之行爲。敬天，要出自內心之至誠，行純正之行爲。

卍 談《西遊記》人物

神仙

　　《西遊記》的人物裡面有很多的神仙。他們大多住在天上，不過也有少數住在凡間的。住在凡間的，我們找鎮元子與如意真仙兩位做代表。

　　鎮元子是住在萬壽山五莊觀的大仙。他的觀裡出產了一種叫「人參果」的好物。這種好物三千年才開一次花，六千年才結一次果，一次結果也才三十個。結果之後還得再等三千年才成熟，總共得一萬年才能吃。和人參果有緣的人，嗅一下，就可以活三百六十歲，吃一個就能活四萬七千年。聞到「人參果」這名詞的應該可以活個一百二十歲吧。各位看官有福了。還不知足的，下次周遊列國，經過五莊觀時，就請留步，花八萬兩銀子買一個來吃了。他那樹上應該還剩十三個，存貨不多。非常可惜，那年孫猴子那群「匪徒」路過五莊觀時暴殄天物，報銷浪費了十五個。

　　我們不知道鎮仙平時是做些什麼事業，或只是個玩耍人。不過，他若三不五時嗅一下，吃一個那人參果，就能活萬萬歲了！連福祿壽三星都怨嘆說：「我們不及他多矣，他得之甚易，就可與天齊壽。我們還要養精、練氣、存神、調和龍虎、

提坎塡離，不知費多少工夫。」這實在令一些獨裁者，偉大領袖之流感到又欣羨又怨嘆啊。

如意眞仙就是那位有名的牛魔王的小弟。他霸佔在解陽山破兒洞那角勢。

原來，西梁女人國的國內沒有查甫人，住在那裡的查某人得跑到城外飮子母河的河水才能懷胎，生女兒。不小心飮了子母河的河水大肚子，或是大肚子後改變主意，不打算生產的就得飮破兒洞落胎泉的泉水才能解胎氣。

如意眞仙很中意這項免本生意，就將落胎泉的主權收了起來，霸佔做他自己的，不肯輕意將泉水給人。一有需要泉水的，就得送上紅包，洋酒，或其他禮數才能得到。

眞仙將原先屬於公家的財物霸佔做他自己的，硬漢吃軟飯，和強盜行為有什麼差別呢？他這種做法留給後世人一個非常壞的歹看樣。許多後世的大拳頭都學他去霸佔公家的財物，想像他一樣活得那麼如意。

其他住在各地的散仙，大概沒什麼特別的表現。《西遊記》裡沒交待，我們就不去隨便亂推測了。

住在天上的神仙很多，大尾的，有資格參加蟠桃會享受蟠桃的就有三淸、四御、五老、六司、七元、八極、九曜、十都、三官大帝、四大天師、左輔右弼、邱弘濟眞人、葛仙翁、五斗星君、九天玄女、李天王父子、赤腳大仙、太白金星、王母娘娘等等等等。裡面很多都是《封神榜》裡的原班人馬呢。他們都臣服於玉皇大帝，受玉帝的統治。因為神仙就是神仙，是長生不老，不會死也不會退休的。於是數目就比《封神榜》

裡更多了。這些傢伙很多已在前面的文章談過,下面我們只談
《西遊記》裡影響台灣較大的幾尾。

1.王母娘娘

王母娘娘在《封神榜》裡就出現過了。她跟昊天上帝有一
腿,合作生了一個龍吉公主。本來天上是沒有戀愛的自由的,
就是玉皇大帝的妹妹春心盪漾時也得跑到凡間來嫁人。這老娘
來頭大,竟然有在天上生孩子的特權。不過,自玉皇大帝從昊
天上帝手中奪走天宮大權之後,這老娘的伴侶就影跡消失,音
訊全無了。老娘獨自一個留下來在玉帝治下過活,內心一定相
當寂寞吧!

《封神榜》沒有提到,《西遊記》也沒有提到這位老娘姓
甚名何,生於何年何月。《列仙全傳》裡對此倒提供了些資
訊。

《列仙全傳》記載,西王母乃西華至妙之氣,化而生於河
南洛陽南平的伊川縣。本來姓猴,名回,字婉姈,一字太虛。
原來是個由氣體凝結成人體,再由人體得道登仙的東西。氣體
凝結成人體,看官你沒聽說過吧!

這位「氣化物」住在崑崙山。所住玉樓玄台九層,左帶瑤
池,右環翠水。因為西方屬金,而她住瑤池的旁邊,所以也給
稱呼為瑤池金母。她與東王公負責管理陰陽二氣,調成天地。
太太小姐們若上天下地,登了仙得了道,昇天後就對不起,得
向她報到,受她掌管。得道登仙的先生男士則受東王公的掌
管。男女有別,挺嚴的呢!

　　不過，在《西遊記》裡，她卻是個作田的查某人，經營那個著名的蟠桃園。邪三千六百棵此物只應天上有的蟠桃樹就是她親手種的。那時天上還沒有耕耘機，三千六百棵樹全由她老娘親手種出來，她老娘做工的拚勢，我們當可體會出來。

　　她種的這種蟠桃可是跟我們從菜市場買回來吃幫助消化的普通桃子很不相同啊。這些蟠桃有三種品種：第一種是種三千年才熟的，花微果細，吃了可以成仙了道，體健身輕；第二種是六千年才熟的，層花甘實，吃了就霞舉飛昇，長生不老；第三種得九千年才熟，紫紋緗核，吃了就與天地齊壽，與日月同庚。確實是非同小可，非同小可啊！啊，筆者若能吃個二千年，半生不熟的，成個半仙也就很滿足了。

　　除了種蟠桃，她又是天庭歌舞傳的領班。孫悟空鬧天庭給釋迦佛降伏之後，玉皇大帝開了一個盛大的「安天大會」答謝釋迦佛。主持這個大場面的宴會的娛樂節目，帶一班仙子、仙娥、美姬、美女，飄飄蕩蕩，一面唱，一面跳，舞向佛前的就是這位王母娘娘啊！希望她不是苦中作樂才好。

　　據說，周穆王西征時，曾到崑崙山拜見西王母，漢武帝也曾在漢宮之中與她相會於七夕……她跟昊天上帝有一腿……這位老娘還真風騷呢。不過，對台灣人來說，這些都不重要。重要的是發生在一九四八年的一件事。

　　一九四八年的農曆八月十五日，她，突然下定決心，離開異物樣樣有的天上，離開她親手種的蟠桃樹，放棄吃蟠桃，放棄與那些少年仙子、仙娥、美姬、美女一起過長生不老的快樂日子，來到世上如他樣樣無的人間，而且選上污染嚴重的台灣

做她長久居留的所在，跑來呼吸台灣人燒香，燒金紙所產生出來的二氧化碳與微塵粒。她老娘又會暈車，出門不敢坐汽車火車，一概騎那隻她心愛的鳳凰……對她來講，住台灣，一切的一切都十二萬分的不便。委屈你了，王母娘娘，眞多謝你啊，王母娘娘！

這一天，她藉蘇列東童乩的嘴遍告花蓮村民說，吾乃天上王母娘娘，欲在此駐蹕，解救人間一切苦厄，宣化度衆，勿相驚駭。花蓮村民一聽，就馬上設香案拜了。這一拜就一直拜到今天。大約五十年前，慈惠堂在花蓮點眼開光之後，傳說王母娘每天降鸞闡教，看病行醫，靈驗異常，求醫病癒，失物物歸。就這樣，在慈惠堂開幕三十週年時，212家連鎖店已經分佈全台灣，今天則可能已超過三百家了。

我們不知道年歲已高的王母娘娘，目前手腳可還靈活乎，行動可還方便乎？頭腦可還淸楚乎？醫術可曾進步乎？果眞如此，那就是台灣人的大福氣。果眞如此，台灣人就可把台灣的醫院，醫學院全部關掉，一方面節省台灣人子弟的時間，一方面又節省台灣人家長的學費。有病拜王母娘娘就好了。不但如此，我們更應該把這個福音傳布到全世界，在世界各國，每個都市，每個城鄉，每個村庄，建慈惠堂，使「氣化物」王母娘娘的光輝照亮全人類。

2.七仙女

每年，在天上，王母娘娘都會舉辦一個「蟠桃勝會」邀請那些大尾神仙來享受。場地裝潢之豪華不說，光看那菜單，龍

肝鳳髓，熊掌猩脣，珍饈百味，異果佳殽，玉液瓊漿，香醪佳釀，等等就夠讓人口水直流了。當然最重要的一道就是此物只應天上有的蟠桃了。每年，負責到蟠桃園挽蟠桃的就是七仙女了。

悟空擔任蟠桃園主那年的「蟠桃勝會」的籌備會中，這七仙女照慣例，奉王母娘娘的命令又來到蟠桃園了。她們先挽了兩籃那種三千年成熟的，再挽了三籃那種六千年成熟的。不過當她們走到那九千年才成熟的蟠桃樹前時，竟只挽了一個半紅半白的。因為這一千兩百棵老樹全都花果稀疏，只剩幾個果皮還半青的。原來熟的都給孫悟空吃掉了。

那位紅衣仙女在挽這粒半紅半白的蟠桃時，不小心去吵醒撐在蟠桃樹上睡覺的悟空。悟空以為偷桃賊要來偷桃，從他耳內拿出金箍棒，喝一聲：「恁是那方怪物，敢大膽偷挽我桃！」你猜這七位可愛的仙女怎麼反應？她們嚇得花容失色，跪在地下，哀求說：「大聖請勿生氣，我們……是王母娘娘……差來的七衣仙女……」悟空一聽，說：「仙娥請起。王母設宴，請的是誰？」七仙女的回答傷透了悟空的心，因為他，齊天大聖，竟未受到邀請。為了探聽清楚這王母盛宴，悟空用定身法將七仙女一個一個定在蟠桃樹下休息。一週天後，定身法的藥效消失，七仙女才清醒過來。她們向王母娘奏說：「……大桃半粒也無，想是大聖偷吃了。……不期大聖走來，行凶拷打……」

七仙女並沒有親眼看到悟空偷吃桃子，推想可以，總不應該語氣過份果斷，以免誣賴好人吧。誣告悟空對她們行凶拷打

則是太過份了。悟空若眞的對她們行凶拷打，她們早就變成七堆肉醬了。哼，歪嘴雞，七隻。

除了每年到蟠桃園挽蟠桃，她們大概也難免得幫忙王母娘娘買菜燒飯吧。也就是說她們只不過是幫娘娘幹差事的查某桿。娘娘做人又刻薄，沒給多少薪水，她們只好天天穿那單色的紅、靑、素、皂、紫、黃、綠色的衣服，好可憐見。

從她們的職責，行爲，表現，我們看不出有什麼值得我們拜的地方，可是台灣的婦女卻把她們當女藝之神，當七娘媽來拜。年靑活潑的七仙女都給拜成老姑婆了！台灣的七娘媽廟還眞不少呢。唉，幫她們做幾件漂亮衣服，對她們，憐香惜玉足矣，拜什麼呢？

3.玄天上帝

這一天，悟空等來到小西天的小雷音寺。遇到霸佔在那裡的彌勒佛手下變的妖魔，黃眉老佛。這老佛十分的難纏，悟空拚了老命，就是無法擒拿。悟空思考了很久很久才跑到武當山找玄天上帝幫忙。

在《西遊記》裡這位玄之又玄的老道有許多的名號，既叫北方眞武，又叫盪魔天尊或上帝祖師。住在南贍部洲武當山的太和宮仙境，也就是北天門。

對於他的身世，《西遊記》也有明確的交待。說，上帝祖師乃淨樂國王與善勝皇后，夢吞日光，覺而有孕，懷胎十四個月，於開皇元年甲辰之歲，三月初一日午時降生於王宮。老道幼而勇猛，長而神靈。不統帝位，惟務修行。父母難禁，棄舍

皇宮。修練於武當山，參玄入定，功完行滿，白日飛昇。玉帝敕號，眞武之名，鎮守北方。

上面，開皇元年指的是隋文帝開皇元年，西元581年。不過也有人說他誕生於黃帝紫雲元年，西元前2662年的。傳說就是隨便傳傳說說的東西，一差就是三千多年。

悟空因急事求救於祖師，這祖師卻老人痴呆，慢條斯里，自誇自捧，盡說些陳年往事。

祖師道：「我當年威鎮北方，統攝眞武之位，翦伐天下妖邪，乃奉玉帝敕旨。後又披髮跣足，踏騰蛇神龜，領五雷神將，巨虺獅子，猛獸毒龍，收降東北方黑氣妖氛，乃奉元始天尊符召。今日靜享武當山，安逸太和殿……」藉口恐玉帝見罪，就是不肯親自出馬。隨便派了龜蛇兩將打發悟空走路。果然這龜蛇兩將根本不成氣候，一下就給敵方抓跑了。祖師做事實在是太不夠朋友了。

民間又有傳說說他本來是個殺豬的。有一天忽然頓悟殺生之罪過，於是放下屠刀，入山修行。不過一回想過去在他刀下犧牲的牲生難以勝數，就痛苦萬分。忽然一旦，痛改前非，舉刀破腹，取出五臟六腑，投棄於海中，而後專心歸依觀音。死後昇天，變爲天神。後來，他的五臟六腑在海中經年月久，感日月精華，變做龜精蛇怪，貽害人間。他便又下凡，收拾妖怪，天下方得太平。於是他又成屠戶業的守護神了。這些描述和《西遊記》裡對他的描述的狗屁程度，其實相差不多。

據說他在天上的職責是鎮守北天門，所以拜他的廟就叫做北極殿，他的名號就叫北極大帝、北極佑聖眞君。不過，拜眞

武大帝、元武神、開天仙帝、眞如大師、上帝爺、上帝公的同樣都是在拜他。

眞武乃元武七宿，即天文上之斗、牛、女、虛、危、室、壁等七星之總稱，也就是代表北極星了。北極星是昔時泛海船隻定位的指標，所以他向來便以航海保護神之地位接受崇拜。在康熙年前還是台灣最大牌的神明呢。因爲施琅攻台時，藉口得到媽祖之神助，康熙於是頒發大獎，封媽祖爲天上聖母。清朝自此大捧媽祖（同時捧關公），壓低玄天上帝之地位，說他畢竟是個殺豬仔兄。從此他在台灣的神明界才不再那麼囂張神氣。

不過請神容易送神難，今天殺豬仔兄仍然還是道敎之要神。就是儒敎也尊他爲北方黑帝或皇天上帝北極神明。目前台灣有超過三百家的連鎖廟，仍然還是十大神明之一呢。殺豬仔兄生前放下屠刀，後人卻用冷豬肉供奉他。如此這般四百年，他可從沒開口說不吃豬肉?!有些殺豬仔兄的神像十分的黑，非常怕人，進他廟時，請先有心理準備，以免被嚇死。

4.神仙雜記數則

太白金星第一次帶悟空晉見玉帝時，玉帝問：「那位是妖仙？」悟空回答說：「老孫就是。」天上那些衆仙就大驚失色說：「這隻妖猴，不趕緊跪著參拜，竟然這麼無禮，實在該死，實在該死。」這些巴結權勢巴結慣了的老神仙都很看不慣悟空這種自由派的作風。

李天王帶兵打悟空時，巨靈天將做先鋒，不過打了個敗

仗。天王很生氣，說：「你削了我的面子，抓出去斬！」戰場上是沒有人想打敗仗的，打敗仗已很洩氣了，怎麼還得受斬頭之刑？等到他兒子也打敗時，他怎麼只大驚了一場，沒下令抓他兒子去斬呢？別人家的孩子死不完，天上人間竟然如此相同！

　　李天王的天兵部隊輸給悟空後，李哪吒向玉帝傳悟空的話說：「門外立一竿旗，上書齊天大聖四字，道是封他這官職，就休兵來投。若不是此官，定要打上凌霄寶殿。」太白金星又說話了：「……名是齊天大聖，只不與他事管，不與他俸祿，且養在天壤之間，收他的邪心，使他不生狂妄，乾坤安靖，海宇清寧。」請問太白仙，你領了薪水沒有？論實力，天上這些天兵天將並沒有幾個勝過悟空。爲什麼，爲什麼叫悟空幹「弼馬溫」和「齊天大聖」，而不給薪水呢？太會欺負賢人了。可是，金星卻還洋洋得意，認定對悟空有恩有義，常常提醒悟空得報答他呢！

　　三藏取經從長安出發後遇到的第一個劫數是幫他牽馬，拿行李的兩位沒名沒姓的隨從被一隻虎吃掉了。那時，太白金星專程跑去救三藏一命，可卻不肯順便救救這兩條小命！可憐，台灣人還建廟拜他，求他保佑呢！枉然啊，全然不了解天上的神仙是只願照顧凡間之有頭有臉的人物的，一般升斗小民，他們是從不放在心上的。

　　悟空在天上時，不管那些神仙的地位是高是低，他都和他們交陪，做朋友。許旌陽眞人一看，就怕他結黨造反，啓奏於玉帝，說：「悟空無事閑遊，結交天上衆星宿，不論高

低，俱稱朋友。恐後日閑中生事，不如與他一件事管，免得別生事端。」悟空無事閑遊，許仙你呢？你忙些什麼了呢？哼，緊張什麼？

我們在前面的文章提過，這天上是不准男女私情的。就是玉皇大帝的妹妹春情大動時也得跑到凡間來嫁人。披香殿侍香的玉女想和奎木狼私通，奎星不敢，後來雙雙下凡來成就好事。凡間有些不知底細的青年男女，情場不如意時竟然自殺，以爲到天上再去成就比翼鳥！殊不知那邊的情形更加糟糕。情場不如意的青年男女啊，堅強些，勇敢活下來，凡間的事只能在凡間解決！

蟾宮中的素娥有一天打了廣寒宮春仙藥的玉兔一掌。後來素娥姑娘也是因爲思凡而下界來。十八年後，那玉兔就追到凡間來抛素娥於荒野，報一掌之仇。天上的神仙還很會記恨呢！

總的說來，這些神仙，無論是住在天上或是住在凡間，從他們的行爲看來，都不怎麼光明正大。他們是懂得權術，懂得說人長短，懂得領薪水，懂得記恨，懂得霸佔公家財物，懂得吃蟠桃，吃人參果，吃金丹，飲仙酒……卻不懂得打仗，不懂得尊重他人，不懂得體諒下屬的生活之艱苦。

除了關懷少數的人間權貴，凡間之事，神仙們是不會放在心上的。會的話，歷史上就不會發生那麼多山崩，地裂，苦旱，水災，地震……了？說來好笑又可憐，我們這些凡間的憨人卻經常備辦酒菜拜他們，幫他們做生日。這些神仙們吃慣了蟠桃，人參果，金丹，飲慣了仙酒之後那有胃口吃飲

凡間這些凡酒菜呢？那年，悟空從天上回到花果山時，山上眾猴備辦凡酒菜請他，悟空只飲了一口，就喊歹飲，歹飲。就是因爲在天上飲過好飲的仙酒之故。唉，拜神仙，原來只是乾做虛工而已。

卍 談《西遊記》人物

佛祖與菩薩

　　無極大道的玉皇大帝是道教最高的神。不過，我們不知道他是不是身懷法力，因爲他神秘兮兮的，從來不露手。西方的大佛和菩薩比較不會假仙，經常動手腳，我們才知道他們法力極高，比天上的天兵天將強多了。

　　齊天大聖孫悟空一隻猴能夠大鬧天庭，和十萬個天兵天將拚輸贏，但卻敗在如來佛的手下，而且輸得慘不忍睹，居然跳不出如來的五指之內！遊記好幾次提到天上一日凡間就是一年。不過當提到如來在他山中過七日時，卻說世間已經歷幾千年了。兩者相差不止百千倍！啊，道教是比佛教，差多。

　　如來那裡經常有三千諸佛，五百羅漢，八大金剛，四大菩薩等等等等聚集在一起講經說道，熱鬧非凡。我們只談談幾位在《西遊記》裡演出的人物。

1.燃燈古佛與彌勒佛

　　燃燈古佛在《封神榜》裡是屬三等馬的道士仔，表現十分平凡。在《西遊記》裡，他投奔到佛教，不過表現仍舊平凡。他喜歡講道。悟空有一次跑去找太上老君聊天時，正和老君上

課講道給衆仙童聽的就是他。三藏師徒走到如來的靈山取經時，拿一部無字眞經打發三藏師徒走路的也是他。除此之外，他就都沒事幹了。

這彌勒佛在《西遊記》裡也只是個小角色，才出現一次。原來他的司馨童子在小雷音寺自稱黃眉老佛當妖怪，三藏取經路過那裡時捉了三藏師徒要蒸了吃，這彌勒佛趕去解危。如此而已。

近幾十年來新興起的一貫道的道友們卻看上了他倆，以一等馬款待之。燃燈給捧成十佛應運，七佛治世，三佛收圓裡的第一個收圓大佛。說在伏羲時代，靑陽劫時燃燈古佛降世了，掌天盤掌了一千五百年，普度衆生渡回二億佛子歸天。周朝末年，紅陽劫時，釋迦牟尼佛降世了，掌天盤掌了三千年，又渡了二億個佛子歸天。今天，人類面臨三期末劫，白陽劫也，輪到彌勒古佛來掌天盤，聽說抱負非常遠大，上要渡河漢星斗，下要渡幽冥鬼魂，中要渡人間善男信女。

也就是說，燃燈古佛與釋迦牟尼佛都已衰謝，成爲過去式了，現在是彌勒佛的時代了。果眞如此，我們就該集中心力，拜彌勒佛就好了。燃燈古佛，釋迦牟尼佛，三千諸佛，五百羅漢，八大金剛，四大菩薩等等都請退休，回西方去吧。我們是不反對這麼辦的。

2.佛教三大士：文殊菩薩，普賢菩薩，觀世音菩薩

這三位男士，同屬《封神榜》裡的三等馬，道士仔。在《西遊記》裡，他們相邀投奔到佛教裡來了。地位也變成僅次

於釋迦牟尼佛的二等馬了。

　　文殊廣法天尊，原先住在五龍山雲霄洞。《西遊記》時代搬家搬到五台山了，道號改爲文殊菩薩。他出門不坐車，騎一隻青毛獅子，很酷。

　　他騎的那隻獅子在《西遊記》裡出現了兩次。第一次比較可憐，給閹了。之後變做一個假國王，佔了烏雞國王的皇帝位，白睡了烏雞國王的皇后。第二次變做在獅駝嶺一帶吃人的大魔王。後來兩者都敗在孫悟空的手下。敗後又都廢物回收，仍舊當菩薩的坐騎。

　　普賢眞人，原先住在九宮山白鶴洞。在《西遊記》裡，搬家搬到峨嵋山了，道號改爲普賢菩薩。他出門也不坐車，騎一隻白象，也很酷。

　　他騎的那隻白象在《西遊記》裡只出現一次。即變做在獅駝嶺一帶吃人的二魔王。後來也敗在悟空的手下。敗後也是回復原狀，仍當菩薩的坐騎。

　　文殊菩薩，普賢菩薩，觀世音菩薩這三大士在遊記裡再度攜手合作了一次。就是變化成三位妙齡女郎和梨山老母變化成的寡母一起去試探三藏等取經的誠意那件事。以小人之心度君子之量也。堂堂菩薩竟然如此不肯相信別人！

　　嘉義縣竹崎鄉義仁村的清華山德源禪寺供奉釋迦牟尼佛，與文殊普賢兩位菩薩。在台灣，拜文殊與普賢的還眞不少呢。不過，他倆的名望差觀世音菩薩還是差遠了。

　　觀世音菩薩就是《封神榜》裡，呆在普陀山落伽洞修道練仙的慈航道人。到《西遊記》時代還沒搬家。在同一個山洞住

一千七百年，眞不簡單啊。大概是受到「觀音有三十三化身」之說的影響，當他出現在《西遊記》時已經給動過變性手術，成爲一位漂漂亮亮的女菩薩了。女菩薩到底是比男金剛可愛些。菩薩騎一隻金毛吼出門，從來不花錢叫車。

他騎的那隻金毛吼在《西遊記》裡也出現了一次。即變做在麒麟山一帶成妖的賽太歲。捉朱紫國的金聖宮皇后去當了三年的押寨夫人，肚子餓時，殺了八個宮女下菜的就是他。後來這獸敗在悟空的手下，仍然回去當菩薩的坐騎了。

奇怪，佛教的三大士的坐騎怎麼都成吃人的妖精了。三位菩薩是怎麼幹的？

我們不淸楚誰是觀世音菩薩的生母，不過，《西遊記》的作者卻可以說是栽培他的養母。因《西遊記》，他由躲在深山裡修道的普通煉氣士，突變變成大慈大悲，救苦救難的大菩薩。他佛運又好，步步高昇，今天，已和媽祖，註生娘娘，王母娘娘等同步成爲台灣民間信仰裡的四大女神了。

其實，在《西遊記》裡，觀世音菩薩的大慈大悲形象相當有問題。譬如說他將一頂鑲金的花帽子交給三藏，教三藏用這頂帽子控制悟空就不是什麼正大光明的手法。三藏拿了帽子後就假情假意跟悟空說了許多那頂帽子的好處。正直的悟空不知那是三藏的詭計，把帽子拿了就戴到頭上。三藏就低聲的念菩薩所教的咒語。那頂帽子就在悟空頭上生了根，怎麼也脫不下來。每次三藏要修理悟空，念起咒語來，就令悟空痛得翻筋斗，耳紅面赤，眼脹身麻，腦門欲裂。可憐，這位天不怕，地不怕，身懷絕技的英雄好漢就因爲戴了這頂帽子，一輩子翻不

了身，一輩子栽在那位自私，僞善，不明是非的三藏的手掌之下了。

帽子之威力實在大啊！歷代的統治者看到帽子的厲害就經常應用「戴帽子」這招術當做陷害忠良之武器！就是到近代史，他的威力也同樣厲害。被戴上綠帽子，一個人便終生難以做人。被戴上紅帽子，不死刑，也得長期到火燒島唱小夜曲。

爲著降伏一隻黑熊精的方便起見，觀世音曾將自己變化成妖怪，以便從中取事。不過，當牛魔王的兒子紅孩兒有一次變做他的模樣時，這位菩薩就非常非常的生氣。他向李天王借了三十六把天罡刀，將之變成千葉蓮台，引誘紅孩兒坐上蓮台之後，就又將蓮台變回原形。那紅孩兒便坐在刀尖上，任木吒打得血注成汪，皮肉開了。紅孩兒忍著痛，用手拔那些刀子，這菩薩就念咒，使這些天罡刀都變成倒鬚鉤兒，莫能褪得了。降伏紅孩兒之後，他又作法使紅孩兒的雙手合在胸前，扭成「觀音扭」，永遠拆不開來。再叫紅孩兒一步一拜，一直拜到他落迦山的山口。得道的菩薩竟是這樣整人的，這不是只許州官放火，不許百姓點燈嗎？他讓紅孩兒做個什麼善財童子，不知是善些什麼財呢？紅孩兒的舅舅，如意眞仙不就對悟空說：「我捨姪還是自在爲王好，還是與人爲奴好？」

當悟空他們四行人走近滅法國時，他專程趕去報信，叫他們前頭小心，因爲滅法國的國王已經殺了九千九百九十六個和尚，還要殺四個來完一萬之數！這觀世音放著九千九百多條性命不救，倒來提醒身懷絕技的悟空兄弟。大慈大悲不該是這種慈悲法吧？

　　儘管如此，觀世音菩薩大慈大悲的形象、名望、人氣人緣還是繼續一飛衝天，前途無量呢。據說他有三十三種變體（或說三十八種），有一種坐在蓮花上的，是受到西藏人傳說他是蓮花所生的童子之故。關於他的身世，佛教裡有的派別說他是阿彌陀佛的弟子，有的說他是阿彌陀佛的化身，有的說他是阿彌陀佛的兒子。其實，把他說成阿彌陀佛的爸爸、阿公、或阿祖倒比較合理些。因為又有傳說說釋迦在世傳教時，曾對觀世音慈悲救世功德，倍極宣揚的。而印度西北五河地方五千年前就有人拜他了。他資格是比釋迦老太多了。

　　《大悲心陀羅尼經》云：觀世音菩薩乃不可思議威力之神，於過去無量劫中已作佛境，號正法明如來，大慈願力，安樂眾生，現作菩薩。

　　《觀音授記經》云：阿彌陀佛滅渡之後補處而號普光功德如來。

　　《悲華經》云：於西方極樂阿彌陀佛涅槃之後觀音成佛。

　　《悲華經》記載往昔劫中，阿彌陀佛為轉輪王時觀世音菩薩為王之第一太子，名曰不眴。

　　民間對觀世音的觀念又和佛教毫無關係。民間的看法係以元朝和尚為宏揚佛教而寫的《觀音得道》這本書所創造出來的觀世音為準的。這本書的大意是：

　　這位慈航尊者在大羅天宮逍遙自在，一日坐在八寶金蓮上，展開慧眼，遙望東土眾生沈溺酒色，爭逐名利，生活於罪惡之中，不能自拔。於是大發慈悲憐憫之心，得瑤池王母、無極天尊的允准，投胎降生為興林國妙莊王的第三公主妙善。妙

莊王有三女。大女兒妙音愛好文學，招文駙馬。二女兒妙元愛武才，招武駙馬。三女兒妙善愛誦經禮佛，到白雀寺出家爲尼，父王非常生氣，將她處死。死後靈魂周遊陰府回陽間後，到大香山苦心修練得正果，後來又到陰間度其父母脫出地獄之苦。

《觀音得道》的作者以「慈航道人」做出發點，經由「王母娘娘」的推薦，再無中生有，研究發展出這位「妙善公主」，再令妙善公主登仙得道成「觀世音菩薩」，繞了一大圈，好辛苦啊。台灣民間連他是誰家孩子，那一年，那一月生的都弄不清楚，卻在每年的二月十九日，六月十九日，或九月十九日幫他做生日，大事拜他哩！無論如何，這位又給尊稱爲觀音媽，觀音佛，觀音大士，觀音菩薩，南海觀世音，大慈大悲觀世音菩薩，觀自在，正法明如來，大悲聖者，大悲菩薩，南海聖宗，南海古佛，聖宗古佛，普光功德山王佛，大慈大悲主，金剛菩薩，送子觀音，千手觀音，千手千眼觀音，白衣大士……等等等等的大尊者應該又只是一個不存在的幻影而已！

非常奇怪的是台灣人數百年來竟然對這個幻影敬拜不已，包括最著名的台北市的龍山寺在內，到一九八四年全台灣拜觀世音的廟寺已達四百四十一座之多，今天可能已超過六百座了！小說對後世的影響力比歷史還大啊，期待今後的小說家下筆千萬謹慎小心啊！

3.釋迦牟尼佛

《西遊記》裡面孫悟空與如來見面時，如來自我介紹，笑

道：「我是西方極樂世界釋迦牟尼尊者南無阿彌陀佛。」也就是說，釋迦牟尼佛、如來佛、南無阿彌陀佛是三位一體的大佛。這和佛教裡有些教派主張這三個名詞是三個不同的佛祖很不一樣。

因為釋迦牟尼佛是一教的教主，有關於他的傳說便非常的多。其中有一說是這樣的。他的遠祖名叫甘蔗，生了五個王子，最小的叫別成。別成生拘盧，拘盧生瞿拘盧，瞿拘盧生師子頰，師子頰生淨飯、白飯、斛飯、甘露飯、和女兒甘露味飯。淨飯與妻摩耶夫人生悉達多，就是未來的釋迦牟尼佛。時西元前五百六十五年四月八日也。

釋迦誕生前，淨飯王的宮殿，顯有八種瑞相，即大地乾淨，鳥群飛來和鳴，山野樹木花開，池生蓮花，珍器自生美味，樂器自發妙音，七寶滿藏，日月大放光明等。出生那天，他母親正在龍毗尼園遊玩，右手攀著一支波叉樹枝。此時，從王后身上放出一片光彩。釋迦就從母后的右臂下安祥誕生了。出生後，不假扶持，自己就走了七步，說道：「天上天下，唯我獨尊。」這種傳說，你相信嗎？

釋迦的母親之生釋迦和老子的母親之生老子有兩個相似的地方。一、兩位媽媽都是畸形的可憐女性，孩子不是從一般正常人的身體部位生下來！從左臂下生下來的成為道教的教主，從右臂下生下來的成佛教的教主。二、兩個孩子都是天才兒童，一落地就都會說話走路。不過，釋迦出生後七天，他母親就去世了。他是由姨母撫育長大的。老子的母親懷老子懷了八十一年之久，生下老子後，任務達成，卻就消息全無了。

　　悉達多王子自幼對於人生及諸現象就有思維之處，如思耕農之苦，思諸獸相食之苦，等等。他厭棄人生鬥爭。他十九歲結婚，生下一子曰羅侯羅。二十九歲時偶乘車出遊，見衰病老死，深悟世間之無常，就決意出家。六年後感念苦行非道，坐菩提樹下，思惟四十八日，乃大徹大悟。後來憫慈悲救世，下山說教，得迦葉、阿難等得意弟子，傳教四十五年，孜孜不倦。後來寂於沙羅雙樹下，享壽八十歲。他主張實行正見，正思，正語，正業，正命，正精進，正念，正定等八正道，不殺生，不邪淫，不妄語，不飲酒，不偷盜等五戒，退眼耳鼻舌身意等六賊，反對波羅門四姓之階級差別。

　　遺憾的是，《西遊記》裡的他卻不是這樣子的。《西遊記》奠定了他在一般人心目中法力無邊的地位。不過《西遊記》也令人感到他並不怎麼完美。

　　他在降伏孫悟空之後，用五行山將悟空鎮壓住。再在山頂上貼了一個符子，讓悟空無法逃脫掉，然後又發了一個慈悲心，請山神和土地住在山中監督。當悟空肚子餓時，就給他鐵丸子吃，口渴時，就給溶化的銅汁飲。如此這般，折磨悟空折磨了五百年。

　　遊記裡說這是如來佛「又發了一個慈悲的心」之後發明出來的修理悟空的辦法。如來若不是因為發了這個慈悲心的話，悟空的下場不知還要更加悽慘多少呢？

　　如來佛是因為當時的中華大國物廣人稠，是個花天酒地，無是無非，多貪多殺，多欺多詐，多淫多誆，不重五穀，不忠不孝，不仁不義，害命殺生，是非惡海……之所在。所以叫一

個中華人士到他的靈山取經的。他說他有真經三藏，最能勸化眾生。不過，他鬼祟，不肯將真經直接送到東土，所以才有三藏取經這回事。我們來聽悟空對這件事的看法。他說：「這都是我佛如來坐在那極樂之境，沒事情做，想出那三藏之經！如果有心勸人向善，照理就該送去給人，豈不是萬古留傳之好事？」如來佛啊，聽到沒有？哼，做事效率這麼差？取三部經書花了四個人力，十四年的工夫！

在三藏他們一行人啟程之後，這佛祖好幾次派手下變做妖怪或美女去試探三藏等的取經誠意。堂堂的佛祖，心胸這麼窄小，不肯相信別人？

話又說回來，佛祖的手下所變的這些妖怪要試探三藏取經的誠意不打緊，不過，他們平時靠吃人過日子，這位佛祖卻一直裝傻，裝不知道！天理何在啊？

烏雞國王和文殊菩薩所變的凡僧相罵，用一條繩子將菩薩綁了起來，擲進去御水河裡浸了三天三夜。如來佛知道後就命令手下將烏雞國王擲進去一口古井裡浸了三年。本錢加利息，賠了三百六十五倍！報復手段絕不客氣。

三藏師徒走到靈山要取佛經時，他身邊那阿難和伽葉兩位尊者向三藏等討了二次紅包。他們說：「你們來此，有些什麼人事送我們，快拿出來，我們好傳經給你。」如來接著說，經不可輕傳，也不可空取，向時某某國的趙長者包了三斗三升米粒的黃金，他們猶嫌少呢！你看，堂堂西方聖潔之地，沒有紅包還是走不通啊。

三藏等費了十四年的時間到他那裡取經書之時，七千多佛

子全都聚集來觀禮了。不過，如來卻只花了不到五分鐘的時間機會教育大衆，向大家說明叫三藏前來取經的理由。訓話之後，就叫阿難與伽葉兩位開啓寶閣，將經書三十五部中各檢幾卷與他。後來阿難與伽葉給了三分之一的經書。給三分之一，三分之二留自己用，很不夠意思啊。

如來給經書後，開了個宴會請三藏師徒吃飯。菜單包括仙品，仙餚，仙茶，仙果，珍饈百味。眞的是異香奇品更微精，香茶異食得長生，果然與凡世不同。到處講究吃，連西方佛境也不例外！

啊，《西遊記》裡的釋迦牟尼佛實在並不怎麼樣啊！

本來，我們學佛的道理，小的目標是要求個人的解脫，就是行八正道，尊五戒，退六賊，最後的目標卻是求整個人群的解脫，就是要打破波羅門式那種不公平的壓制階級，創造人人平等的社會的。《西遊記》裡也沒有說佛祖菩薩會保佑世人。不過許許多多拜佛的卻不肯下苦心去學佛的眞義，相反的，都迷信到《西遊記》裡佛法無邊，菩薩慈悲這些亂七八糟的東西上面去了。信徒們一天到晚忙著向這些柴頭翁仔磕頭，忘了《西遊記》裡這些佛祖，菩薩是非常使人捉摸不定的。他們高興時或許會保佑你一下，萬一遇到不高興，那你就得小心了，因爲他們說不定會把你推下去古井裡浸三年呢。

卍 談《西遊記》人物

唐太宗

　　當時大唐帝國的當權者就是唐太宗李世民先生也。他王宮內擁有三宮六院，再加綵女三千，女生很多啊。

　　這年正是貞觀十三年。那天，太宗皇帝正在上班。魏徵丞相出班奏道：「方今天下太平，八方寧靜，應依古法，開立選場，招取賢士。……」太宗道：「賢卿所奏有理。」就傳招賢文榜，頒布天下了。辦事效率還蠻快的呢。

　　三藏的父親陳光蕊先生報名應試。結果一試高中。太宗親賜狀元。跨馬遊街三日慶祝。遊到丞相殷開山的門口時，恰逢丞相之女溫嬌小姐正高結綵樓，拋打繡球。小姐一見新科狀元，人才出眾，不客氣，就將繡球拋打到狀元的烏紗帽上了。當下十數個婢妾馬上走下樓，把狀元捉進相府火速成婚了。快馬加鞭，此之謂也。

　　第二天，陳狀元受命當江州州主，即刻起身赴任。沒想到這溫小姐因為生得有幾分姿色，當他們的船走到洪江口時，船夫劉洪、李彪心起邪念，就把狀元打死了。劉洪穿了狀元服，佔了溫小姐，一舉兩得，跑到江州幹州主去了。狀元的屍首則給推下水底去了。

　　因為陳狀元在生前曾經救過洪江口的龍王一命。他既然死在洪江口，屍體就剛好安排給龍王的手下發現了。龍王乃給了一粒定顏珠，保養他的屍體，等日後還魂報仇去。原來，人死後並非每個都得到閻羅王那裡去報到的，這陳狀元就是個例子。

　　十八年後，仍還是貞觀十三年。三藏十八歲這年才得拜見殷宰相說明父母受害之情形。殷宰相痛哭之後，將事啓奏於皇上。太宗見奏大怒，發御林軍六萬，著宰相前往江州捉拿劉李兩人處斬了案。陳狀元也乘此良機還魂了。不簡單，死了十八年又回來了。

　　為了兩個小毛賊，發動六萬御林大軍。這太宗的軍隊可眞飯桶啊。

　　這年，還是貞觀十三年。那天，涇河龍王因為沒有按照玉皇大帝的旨令下雨，冒犯了天庭，該斬於宰相魏徵之手。龍王跑來求救於太宗皇帝。太宗答應，邀魏下棋，使他不能跑去殺龍。沒想到魏徵棋下到一半竟睡著了。醒來之後，來人報告說從空中掉下了一顆龍頭。原來魏徵於夢中斬了妖龍也。跟你說，夢中的事很好發揮，這裡又是一個明證。

　　涇河龍王死後，鬼魂跑去向太宗討命，又到陰司控告太宗，要太宗前去對案。於是太宗開始生病，不久就病入膏肓，嗚乎哀哉，死掉了。太宗到陰間後，魏宰相的生前好友，掌管生死簿的判官崔玨先生前來迎接。他兩鬼說話之間就有一對青衣童子跑來高叫：「閻王有請，有請。」太宗遂與崔判官並二位童子舉步前進。忽見一座城門，上面寫著「幽冥地府鬼門

關」七個大金字。入城門後，他的父兄李建成，李元吉就向前對他動手腳，揪打索命。

不懂漢字的鬼，到地獄眞的很麻煩，會迷路。太宗皇帝生前和父兄的深仇大恨，他們到死都不放過他呢。

接下來，陰間的十位冥王全都降階來迎接太宗。還稱：「陛下是陽間人王，我等是陰間鬼王，分所當然。」如此這般，寒暄客套一番。幹皇帝實在好處多，就是到陰間地府，閻羅王都得以禮待之，客氣三分。小子們，下輩子得立志幹個皇帝啊！

後來，崔判官招待太宗皇帝參觀了十八層地獄、奈何橋、枉死城、六道輪迴之所等等。

光是那火坑獄，拔舌獄，剝皮獄，油鍋獄，阿鼻獄……等十八層地獄就把個太宗看得心中驚慘萬分。那枉死城又盡是枉死的冤業，孤寒的餓鬼，六十四處烟塵的草寇，七十二處叛賊的魂靈，他們全都前來擋住他走路，向他討命。唉，太宗皇帝啊，你一生殺人太多了！崔判官無奈，請太宗散些錢鈔，買轉鬼魂，方能通過。俗語說有錢能使鬼推磨，此之謂也。

這太宗初到陰間，身上沒帶錢來。崔判官辦法多，請太宗，一、立一借據，借相良先生存在陰間之錢，回陽間後再還相先生。二、回陽間後做個水陸大會，以超度這些無主之冤魂。太宗只好照辦了。

最後，崔判官請太宗騎上一匹海騮馬。當他騎到渭水河時，崔判官卻推他下馬了。不過只這一推，太宗卻就脫了陰

司，回到陽間來了，簡單得很，下次就這般照辦。算來太宗死了三天，乃重點式的參觀地府所需要的時間也。

太宗還魂之時，從棺木內喊道：「淹殺我耶！淹殺我耶！」使得守靈的文武官將心慌筋麻，侍長魂飛，皇太子腳軟，皇后濱妃膽戰打跌。一個個面如秋後黃桑葉，腰似春前嫩柳條。眾宮人走得精光。只剩四個最大膽的徐茂功，魏徵，秦叔寶，胡敬德把棺木打開來了。

太宗老命從死裡逃生，上班後第一句話說的竟是：「有事出班來奏，無事退朝」。看來，這太宗是相當疲勞了。不過後來，還是處理了一些事。

一、大赦天下。他讓國內四百名死刑犯，放假一年，讓各人回家去拜辭父母兄弟，託產於親戚子姪，明年今日再回去受斬赴曹。宮中三千個老幼綵女則出旨配軍。為善不足啊，皇帝老爺，減刑可也，綵女也不必強配阿兵哥啊，欠缺人權觀念！

二、派劉全自殺，送兩個南瓜到陰司去孝敬閻羅，巴結陰間閻羅也。這事前面文章已談過，不再重述。

三、派人送錢還相良。唐太宗在地府向相良借錢散給鬼魂才能走路這事聽說後來成為民間燒銀紙之由來。遊記裡說相良在陽間是一條窮漢，手上一有幾兩銀子，就捐給別人或買銀紙，記庫焚燒，因此在陰間成了個積玉推金的長者。

果真如此，台灣人一年燒了一百四十億的金銀紙，在陰間的台灣鬼一年收入就個個都成暴發戶了，又何必年年都燒呢？英國人美國人不燒銀紙，所以英國鬼美國鬼都個個成了

窮鬼了，眞是這樣子嗎？

　　四、辦了一場很大型的水陸大會，邀請得道的高僧一千二百名參加。壇主就是才三十出頭的三藏大法師。這個水陸大會後來又形成爲今天的普度大拜拜了。

　　奇怪，這種水陸大會一旦舉行，所有陰間的無主冤魂都得到超生了。那麼，三五十年辦一次就夠了，爲什麼每年都需要辦呢，那來這麼多冤魂等我們超度？英國人美國人不辦水陸大會，所以英國鬼美國鬼就永墮地獄，永遠不得超生，眞是這樣子嗎？

　　三藏於貞觀十三年的九月主持了七七四十九日的水陸大會，其實後來以一當七，念了七日經之後就結束大會，出發取經去了。當時太宗信佛信得捉狂，制定法律，凡毀僧謗佛者遭斷臂之刑。

　　到底太宗是不是一位好皇帝，我們其實沒多大興趣。不過，《西遊記》這些關於他的亂七八糟的東西影響台灣民間信仰如此之深是相當令人遺憾的。唉，吳承恩腦子裡胡思亂想，隨便寫出來這些趣事，卻演變成台灣人到今天還在盛行的燒銀紙、水陸大會、普度。二十一世紀的台灣人啊，該檢討了。

卍談《西遊記》人物

三藏師徒

　　《西遊記》寫唐太宗皇帝派三藏到西方取經的故事。三藏在取經的中途收了三個徒弟與一隻馬。他的徒弟中間，我們將孫悟空獨立出來，免得和其他這些不三不四的傢伙一起談論時發脾氣。

1.龍馬

　　在三藏取經的十四個年頭，他的徒弟都是走硬路的，單單他從開頭就騎了一隻太宗皇帝賜的皇馬。不過，這隻皇馬不堪騎，剛起程不久就給西海龍王的第三個兒子吃到肚子底下了。後來他所騎的是這位龍太子所變的龍馬。遊記特別聲明說西遊路途艱難，凡馬怎堪走得？

　　原來這位龍太子因為放火燒了殿上的明珠，被他老父大義滅親，告到玉皇大帝那裡去了。出手一向很重的玉帝將他吊在空中，打了三百下，準備將他處死了。此時剛好遇上觀世音菩薩有事來訪。觀某人面子大，幫他講情，才幸免一死。條件是叫他變化成馬兒，載三藏走路。

　　龍太子的生死竟然取決於觀音一句話。到底天庭那裡是人

治的社會呢，是法治的社會呢？

這匹龍馬在西遊路上只表現了三次。一、在取經剛開始時吃了三藏的皇馬，把三藏嚇得尿流屁滾；二、在寶象國那裡和黃袍妖交了一回手，被打得馬腿青一塊紫一塊；三、在朱紫國那裡努了幾滴馬尿給悟空當藥方，醫好了朱紫國那位害病領袖。總成績是記了一次大過，二次大功。不過，如來佛說他有載三藏走十四年路之功勞，讓他成了佛，歸了正果。原來成佛就是這麼馬馬虎虎的，難怪佛子菩薩這麼多，讓人看得眼花撩亂。

他在西遊路上的十四年頭裡從未小便過。在朱紫國撒了的那幾滴還是悟空說好說歹，千拜託萬拜託之後才勉強擠出來的。看官你知道這個中的原由嗎？因爲他若過水撒尿，水中的遊魚，喝了就變成龍了；若過山撒尿，山中的草頭得味，就變作靈芝，牛童採此靈芝，吃了便成仙長壽。爲了不讓這些事發生，他就將小便強忍了十四年，幸好他膀胱有力，否則早就崩潰了。這匹龍馬都已來到人間，遊歷十四年了，卻仍不肯施捨點好處于人世！凡人怎能求得天上神仙專程下凡保佑人呢？

有志做龍的傳人的大可喝喝馬尿，試試看。

2.沙悟淨

沙悟淨不知生於何地何年何月何日也。只知他小時候愛耍神氣，四處遊蕩。後來在遊蕩途中遇到個眞人，引他走上金光大道。後來三千功滿，昇天之後受玉皇大帝敕封爲捲簾大將，在南天門當玉帝的護駕。不意在一次蟠桃會正進行時失手打破

了一個玉玻璃。受到玉皇大帝之修理，被打了八百下，再給貶下界來。

他身高一丈二。生得青不青，黑不黑，晦氣色臉；長不長，短不短，赤腳筋軀；眼光閃爍，口角丫叉，獠牙撐劍刃，紅髮亂蓬鬆；說話如雷吼，走路似滾風。不必半夜，就是在大白天遇上了他，你就得給嚇個半死。

在加入取經小組之前，他住在流沙河的河底。肚子餓時就上岸抓個過路人食用。每兩三日吃一個。他自己說「吃人無數」，太多了，算都算不清楚。到底天上的神仙下界後，靠吃人過日子，玉皇大帝要不要在法律上，至少在道義上負責任呢？

在寶象國的皇帝面前，八戒兄吹牛說最會降妖。悟淨就說：「那黃袍妖與你我兩個交戰時，只戰個平平，今二哥獨去，恐戰不過他。」說完就與八戒一起前去迎敵。沒想到工夫不如人，一下子就被黃袍妖抓去了。因爲那黃袍妖的夫人百花羞女士曾經救過三藏一命，這悟淨就打算犧牲生命也要報答師父與百女士的恩情，不肯向黃妖屈服，說出百女士委託三藏傳話，求救於父皇之言。這是他在西遊路上最最感人的表現了。其他，如梨山老母、觀世音菩薩、普賢菩薩、文殊菩薩四人幫把八戒用繩子吊了起來後，幫八戒解繩子這種小事都是他負責的。

總的說來，他光是拿手中那根重五千零四十八斤的降妖杖走十四年路就很不簡單了，其他表現就都非常的平凡。他是一個骨力骨力，憨忠憨忠，打戰降妖不怎麼行，難能獨挑大樑，

大籮好看頭的角色。他的註冊商標就是一天到晚在他師父師兄後面跑龍套。就是悟空也埋怨說當三藏念緊箍咒時，他都不曉得方便一二。

如來佛卻很讚美他，說他有誠意，有誠心在保護三藏，有爬山牽馬之功。在人人有獎的原則下也讓他成佛歸正果了。吃人無數的妖道光爬山牽馬走十四年路就成了佛，這不是太潦草，太阿理不達了嗎？

3.豬八戒

八戒兄不知生於何地何年何月何日也。小時生性笨拙，貪閑愛懶。一日突遇神仙，立地拜之爲師，後來功圓行滿，飛昇上天。受玉皇大帝敕封爲天蓬元帥，統領八萬個天河裡的水兵，即天上之海軍總督也。這兄弟好酒又好色。有一次帶酒戲弄嫦娥時，樂極生悲，受到玉皇大帝的處罰，給打了兩千鎚後趕落凡間。哼，天上的垃圾往人間倒！

他在投胎時跑錯了路，跑到一隻母豬的肚子裡，結果出世成豬仔款。出世後他馬上就咬殺該母豬。哼，真是豈有此理！這種事本來在人間是不會發生的。

悟淨的長相難看，這八戒剛好和他成伴。八戒臉呈黑色，嘴似吊塔，耳似葵扇，獠牙鋒利如鋼剉，長嘴張開似火盆。悟空則說他走路抗風，穿衣費布，不中用。

在加入西遊小組以前，他住在烏斯藏國的福陵山雲棧洞那角勢，也是靠吃人過日子。正經工作不幹，專吃人肉！

西遊路上，八戒兄表現得非常的出色：

第一、他會吃。整個西遊的旅程中，最會喊肚子餓的是三藏，而最會吃的就是八戒兄了。你看他的吃相，「無分好歹，每樣都塞入嘴裡，每樣都把他吃個精光」，「無論是米飯、麵飯，果子，點心，他拿著就放入嘴裡。」他平時一餐飯要吃三五斗米飯，早餐的點心也得一百多個燒餅。有時將人家一家人整鍋飯都吃光了，卻還喊只吃個半飽。依照他的標準，服侍三藏吃飯時一個人就夠了，服侍悟空得兩個，服侍悟淨得八個，服侍他就得二十個才夠。

第二、他偷懶。八戒兄會吃，又有力氣，可卻是個偷懶蟲。應該他做工作，他就溜去睡一覺。回來後編個故事掩蓋自己的偷懶。

第三、他膽小。他身材高大，卻膽子小。他說他學得一套烏龜哲學，得縮頭時且縮頭。有時候只聽得妖精厲害就給嚇得急出屎來。

第四，他好色。這是八戒兄的註冊商標了。有一回，朋友帶嫦娥女士來幫他們的忙，八戒兄竟然當眾人面前擁抱那嫦娥小姐。西梁女人國的女王想和三藏成婚，三藏不答應，八戒兄就和做媒人的太師說：「趕緊簽證給三藏，讓他去取經，我留下來招女王。」後來，他們師徒假裝讓三藏和女王成婚，騙得簽證和一頓豐盛的喜酒後，八戒兄就對女王說：「我們做和尚的與你這款粉骷髏做什麼夫妻，放我們師父走！」過河拆橋，講出這種話，實在沒水準。另外一回，他們遇到梨山老母變化做一位寡婦，帶著觀世音菩薩、普賢菩薩、文殊菩薩變化的三個女兒一起住。八戒兄就想留下來當他們的家長，願意同時照

顧三位小姐。那三位小姐都不肯嫁他時，八戒兄竟然要那位寡婦嫁給他。妻子沒娶成卻想娶丈母娘，真是豈有此理，豈有此理！

八戒兄在加入西遊取經小組之前招贅給卵二小姐和高翠蘭女士，結過兩次婚，還好都沒有生個一男半女。不過在加入西遊行列後的十四年裏，他想美色是有，近美色可都感嘆沒緣了。台灣民間的色情業者尊八戒兄為他們行業的守護神，根本是拜錯人了。唉，八戒兄遺臭萬年，留給後世的竟然是這個不名譽的註冊商標啊。到現在，當我們說到某某人好色時往往還稱那某人為豬八戒。台南縣北門鄉沿海的鎮海將軍廟把他奉為主神，實在是不三不四。

《封神榜》裡的紂王身邊有三宮六院，後宮一千，再加妖女三名，應該是色情業之守護神較為適當之人選。這點提出來供參考。若蒙採納，請寄上專利金一萬兩銀子，以便辦理改名手續。

八戒兄光是手裡拿著那根太上老君鎚成的，玉皇大帝賜他的，重五千零四十八斤的釘鈀走十四年的路就夠辛苦的了。被這根釘鈀鈀到的，據他吹牛說，不死也得個破傷風。西遊路上，夜裡他得幫三藏提尿桶，白天也少不了得幫悟空殺些妖魔鬼怪……的確是吃了些苦頭了。不過，整體說來，他卻是個貪功，自大，會吹牛皮……之角色。三藏的徒弟裡面，以他的人品為最差，不過他最會拍三藏馬屁，三藏也最疼他。這種東西，如來佛這和稀泥卻說他有擔三藏行李之功勞，讓他成了佛了。如來容允這種貨色成佛，令人不敢苟同。

4.唐三藏

　　唐太宗於貞觀十三年舉辦了一個全國性的會考，選拔人才。三藏的老爸陳公蕊先生於這年考上了狀元，於這年結了婚，於這年被人推下河裡淹死了。他老母也於這年生了三藏。三藏同樣於這年，長大到十八歲，又於這年突變成三十一歲，接受太宗皇帝的指派到西方去取經。因爲要取的是「法、輪、經」三藏的佛經，後人稱呼這件事爲「三藏取經」。

　　在啓程前，唐王和三藏結拜成兄弟。因爲這樣，《西遊記》也可以說是一部皇帝的結拜小弟的出巡記了！

　　皇帝的結拜的出巡，派頭自然與眾不同了。他明的有悟空等師兄弟當保鏢，暗的有六丁六甲，各路菩薩，四方神仙，十八個護教羅漢……等等，一大堆特務便衣隨時在保護他，實在是夠威風的了。

　　現在，我們就來看看受到如此森嚴之保護的皇帝的結拜小弟在西遊路上的表現。我們知道他會念經，會念詩，也會坐禪。特別是坐禪，一次可以坐上二三年。

　　第一、他怕死。在西遊路上，一看到「高山峻嶺」，「寬闊河面」，聽到「山中有妖魔」，「水裡有水怪」，甚至單單一句「大事不好了」或是「和尚，要走去那裡？」他就「大驚失色」，「魂飛魄散」，「跌落馬腳，口不能言」，「大哭」，或是「大聲喊救命」。比丘國的皇帝要殺他，取他的心煎藥吃，你聽他對悟空怎麼說：「你若救得我的命，情願給你做徒做孫。」悟空後來還是救了他了，三藏當然沒有履行他所

說的。

　　第二、他怕苦。地上有荊棘，他的徒弟走路的沒喊苦，偏偏騎馬的他喊苦：「路不平，又有荊棘，叫我如何騎馬？」路上有爛柿仔，他聞到臭味，就怨嘆，就流眼淚。有一回，他的馬兒走失了，他就「可憐啊！這千山萬水叫我如何走得。」一面說就一面哭。有時悟空得離開隊伍，找人幫忙，他就「何時會回來，貧僧我肚子餓怎樣辦？」在子母河那裡，他和八戒兄因為飲了子母河的河水而懷了胎，大了肚子。他可是不肯生產的。你聽他怎麼說：「阿婆啊，你們這裡有醫生館嗎？叫我的徒弟去買一帖墮胎藥來打胎，將他打下來吧！」咦，他不是最尊重生命的嗎，平時開口閉口那份慈悲心都跑那裡去了。不能忍受一點生產之苦，還談什麼佛心？悟空和悟淨要去拿落胎泉的泉水幫他解胎氣，他可又說話了：「兩個沒病的都去，剩我們兩個有病的，叫誰服事？」

　　第三、他多疑。看到山他就怕有山妖，遇到水就怕有水怪。悟空要找人幫忙，他就「不知找得著人嗎，不知會不會趁此開溜？」比丘國鎮海寺一位顧廟的看到三藏走進廟裡時，撞鐘通知廟裡的人知道。他聽到鐘聲響了些，看到那位顧廟的生得較黑，較不好看，就說：「你是不是妖邪？我不是普通人，我是從大唐來的，我手下有降龍伏虎的徒弟，你若遇到他們，性命難保！」就是在夢裡，他也怕夢中的景物會對他不利。烏雞國國王的靈魂向他托夢求助，他就威脅說：「我是光明正大之僧……手下三個徒弟，都是降龍伏虎的勇士……他們若見到你，將你碎屍粉骨，化做微塵，你趁早緊走。」囉里囉唆一大

堆，將慈悲心整個拋到三十三天外去了！連鳥巢禪師都看了生氣，忍不住，教他念一捲多心經，要幫他治療這個多心病。

第四、他不明是非。悟空對他可以說是盡心盡力，無微不至了。要出外求救兵，離開前就對服事三藏的人說：「衣服髒了，幫他洗，幫他熨；面色黃了，我不要，瘦些，不出門。」偏偏這和尚，耳孔輕，不識好歹，聽得進八戒的花言巧語，聽不進悟空的忠言逆耳，儘管悟空履次告訴三藏說他的眼睛乃火眼金睛，能辨善惡，好歹人。因為這樣，害得一行人多受了好多的災難。不過，他卻一錯再錯，絕不悔改。

他們師徒離開萬壽山五莊觀後不久，白骨夫人這位妖道，變化做一位少女，一位老婦，和一位老阿公，要抓三藏。悟空知道三者都非善類，將之盡行打絕。那三藏看到妖精屍體，猶不信邪，卻聽八戒胡說八道，竟將悟空趕離隊伍。牛魔王的兒子紅孩兒也是變化做一個小孩童，要抓三藏。悟空告訴三藏說孩童是妖怪變的，三藏也是不聽。他們師徒離開通天河後不久，走到金兜山的山中，三藏肚子餓了，悟空為了保護三藏不落妖魔之手，在地下畫了一個法圈，叫三藏別走出圈外，準備妥當了才遠去化齋。那三藏依然不聽，終於被妖魔所抓，差點喪掉老命。當他們走到小雷音寺時，悟空說這是是非之地，不宜進去。三藏也是不聽，進去受難。……

第五，他自私。通天河底的大黿載他們師徒渡過大河之後，拜託三藏，請三藏見到如來時，幫他問一件小事。他卻貴人善忘，早就沒記在心上呢。有一回，他走在悟空等的前面，可卻遇到了一群要他衣服馬匹的賊子。他就開口趕緊推辭說黃

金銀兩全都在後面，徒弟們的口袋。當悟空兄弟趕上他時，他卻一下子跳到馬上，往舊路一直跑去。悟空忍不住將兩個賊打死了，三藏就起了慈悲心，幫他們念經，說：「你們到森羅殿，閻羅王那裡報到時，他姓孫，我姓陳，冤有頭，債有主，千萬不要告我。」另一回，他和一個拾柴的貧窮人一起給一個妖怪抓了。你聽他跟那位歹命人怎麼說：「你死，也才只你自己一個，沒什麼可掛慮的，我卻死得不怎麼乾淨。」哼，拾柴的命不是命，他的命才是命！

　　爲了日後成佛有足夠的學分，三藏在取經途中便一面行善積德，一面承遭九九八十一個劫數。可笑的是這些劫數有很多根本是輕鬆愉快的經驗，眞的讓他受點皮痛肉痛之劫是少之又少的。譬如說剛啓程時他的兩個隨從被一隻老虎吃了，他受驚了，就是一劫。西梁國的女王強要跟他成婚也是一劫。給脫光衣服，給吊起來威脅說準備蒸了吃都算是劫數。傳說說吃他的肉可以得到長生，就是牙齒掉，白頭髮，吃他的肉也可以再長牙齒，重生黑髮。所以許多妖怪都想吃他。不過要吃他時又不能讓他受驚，否則他的肉會變酸，就不好吃了。因爲這樣，他又受驚不多。

　　西遊路頭遠，他騎著馬。普通馬不夠格，他騎的是龍馬。他啓程前先和皇帝結拜成兄弟，身價給提高了。爲著他旅途中平安快樂，就替他安排許許多多的保鏢，服務人員，保護的保護，服事的服事。怕他手下武藝太強，難以控制，就將帽子給手下戴，將之變做僅供支使之傀儡。他，十四年中，被照顧得無微不至。

　　果然，如來佛看不到三藏在整個旅程膿包透頂，哭哭啼啼，充分表現出標準軟腳蝦的本色，說他有把佛經拿回到東土之功勞，讓他成佛了，而且是師徒裡地位最高的一個！唉，人家三藏的前世本來就是如來的弟子。經《西遊記》這麼忙了一趟之後，又給還原成佛了。肥水不落外人田，幹皇帝的把皇位傳給自己的兒子孫子，幹佛祖的同樣是一代一代傳給自家人啊！不過，真金才能不怕火，經過我們這麼點破，三藏啊，你還能不現出原形麼？

　　南投縣魚池鄉日月潭玄奘寺拜三藏。台灣有很多廟供奉他們師徒為副神。民間的送喪行列中還時常可以看到假的三藏師徒帶領死者往西天的打扮。事實上，這些傢伙跟死者能不能上西天，那有任何的牽連呢？算了吧。

卍 談《西遊記》人物

各國的王室

三藏在取經的途中經過了好幾個國家。因為得辦簽證，換關文，蓋關印，他們師徒在各國都晉見到各國的皇帝。本文，我們就來談談這些當權者，看看各國的王室。

西梁女人國

西梁女人國的國內，自古以來，歷代帝王都不曾見過任何的男人。當悟空四眾走到西梁國境時，這女王就高興得一直跳舞。你看，她對宮女說：「寡人以一國之富，願意招三藏為王，我當皇后，和他陰陽配合，生子生孫，永傳帝業。」她派太師做媒，迎賓部主管主婚。這般強悍，好凶啊。後來，三藏被一女妖捉了去，女王感到十分遺憾，傷心透了。

奇怪，一生沒看過男生，怎麼一看到，就知道要跟人家陰陽配合，生子生孫呢？這個國家的財富顯然都集中在這位女王的身上！寡人就是國家，國家就是寡人。女生幹皇帝，心中念念的仍然是生子生孫，永傳帝業！難怪，後世許許多多不太偉大的領袖不管自己的子孫是什款貨色，如何阿理不達，都想永傳帝業啊！

比丘國

比丘國的最高領袖生性風流，除了三宮六妃之外，還老牛吃幼草，去愛上了一位才剛一十六歲的少女。因不分晝夜，和這少女糾纏在一起，導致精神散亂，食慾不振，快將完蛋。他聽一位大臣之言，要一千一百一十一個國內的小男孩爲他盡忠而死，讓他取這些男孩之心肝煎藥，添補身體，延長歲壽。這件好事在悟空兄弟走到國境時才拆破，男孩心肝沒吃成。

這種耳孔輕，要吃小孩心肝的無道昏君還有什麼幹不出來的？

天竺國

天竺國的公主有一晚在御花園唱歌散步之時，被一位妖精使一陣怪風把他吹到一個廟寺裡去了。一年間，妖精變的假公主卻佔在宮中吃喝玩樂。當三藏來到天竺國時，假公主以雙十年華之妙齡女郎正在拋繡球招親呢。英明領袖疼女心切，愛女拋繡球時，旁邊有七十個少女玩伴陪著鼓掌吶喊，助陣助興。

假公主拋繡球時看準了年紀比他大一倍有餘的三藏，要三藏嚐嚐老牛吃嫩草的滋味。不過，這光頭和尚卻不爭氣，不肯成婚。

那位英明的領袖看到女兒拋了個光頭和尚，也很生氣，見悟空等時便顯得十分的傲慢。不過當悟空介紹自己曾下海降龍，登山擒獸……之後，英明領袖聞得這般名重，才慌得走下龍床，禮遇悟空。等確定女兒十分願意嫁三藏後，就不管三藏

不同意，把日子，婚期都定好了，在御花園，永鎮閣，華夷閣，留春亭，昭陽宮，鳰鵲宮準備了共五百多桌豐盛的婚宴酒席。

無奈，那光頭和尚還是不知甜頭，堅持不肯成婚。英明領袖這下真的生氣了。你聽他這麼說：「你這個和尚實在沒情理，寡人以一國之富，招你做駙馬，為何不肯呆這裡，一心要去取經？你若再推辭，我就叫錦衣衛將你推出去斬。」

這位擁有三宮六院，國庫通家庫，又愛山水花草，自小登基，一輩子躲在皇宮，連皇城的門都不曾出去過的英明領袖的常識可謂差矣，強要人家當和尚的當女婿，已經不夠情理了，人家和尚不答應，就要殺人家的光頭。這種人那裡是英明領袖呢，國家那能辦得好呢？

另一方面，給吹到廟寺裡的真公主，遊記的作者卻叫她裝瘋裝傻，胡亂說話，令她在屎裡睡，尿裡吃。這樣子，住在廟寺裡的色中之狼，和尚們就不至於胡思亂想，對她有所迫害了。等悟空四眾取經路過天竺國時，才將她救回去皇宮裡。整整一年生活在衛生那麼差的環境，體會貧苦人家的生活是委屈些，困苦些，不過身體髮膚卻都沒有受到任何的損害。

祭賽國

祭賽國的百姓形容該國國內的政治形態說，「文而不賢，武而不良，國君也不是有道。」

原來，這個國家的國內有一座金光寺。那寺的上面有一座寶塔。而那寶塔上方時常有瑞祥的雲彩遮蓋著，晚間又有光彩

從那兒放射出來。因為這樣，四圍的笨鄰每年就都派人前來朝貢。不過，後來塔頂的寶貝被一位妖怪偷了，塔頂的瑞雲與光彩也消失了，外國也就不再前來朝貢了，外匯存款於是減少下來了。

一些貪官污吏就指派是金光寺裡的和尚把寶貝偷了。將那些和尚捉了去施酷刑，鎚釘鞭打，挽嘴齒……中年輩和老年輩的和尚不耐刑，竟然全部給刑死光了。那位昏君被埋在鼓裡，從來不曉得應該去明查清楚，任隨那批貪官污吏欺壓無辜。

這個案子，後來虧悟空等抓了偷寶貝的妖怪才破了案。偉大領袖才體會到，「原來如此」。不過，那些被打死的卻都白死了，沒人得到任何的補償。

寶象國

擁有三宮九妃的寶象國的最高統帥的第三公主百花羞小姐有一年在中秋的清宵舞會之後樂極生悲，神祕失蹤了。最高統帥非常的憤怒，就動用許許多多的軍警特務反攻。結果打死了很多宮裡宮外的宮女、太監，貶了很多文武百官的職，城裡許多無辜的百姓也給捉去酷刑查問。不過，因為大家都不是藏匿公主的凶手……無論如何都沒法子破案，沒法找到公主。

整整經過了十三年，才由取經中的三藏師徒道出了來龍去脈。原來，小姐是給一位穿黃袍的黃袍妖捉了去當押寨夫人去了。

事情是這樣的。某一日，三藏也被那位黃袍妖捉了。百花羞女士知道後就設法解救三藏，然後寫了信請三藏路過寶象國

時交給她的父王。

　　最高統帥得信後傷心眼淚掉了半個水桶。這才知道原來被他折磨打死的這許多人全都是冤枉死的。不過，統帥這時只想到派兵遣將趕緊前去收妖救女而已，其他那裡管得了那麼多？你看，他問那些文武：「甚人替寡人前去捉拿妖怪，救我公主回來？」

　　無奈，他王朝內這些軍警特務，大家聽了後卻個個裝聾做啞，文官像是泥做的，武將像是木刻的。大家平時欺負百姓，打麻將，吃閒飯很行，要捉妖怪，那就得多多包涵了。大家官做久了，文化基礎根深蒂固，臉皮練得非常的厚，反倒指著三藏說：「來說是非者，就是是非人。」四兩撥千金，順手推舟，輕而易舉的就將這除妖之事撥回去了。

　　這位自幼登基，連皇城的城門都不曾去過的，耳孔輕的，沒分辨是非能力的最高統帥真的就將這除妖工作交三藏去承擔了。

　　三藏這光頭和尚那裡懂得什麼收拾妖怪？趕忙引八戒、悟淨前來晉見最高統帥。那文武多官說話了：「這兩個和尚，貌醜也罷，只是粗俗太甚……」八戒一聽，說：「我們是這般，乍看果有些醜，只是看下些時來，卻也耐看。」

　　那最高統帥見他醜陋，已是心驚，聽八戒說這些呆話，越發膽寒，坐不穩，竟就跌下龍床。

　　後來還不是悟空把妖怪捉了，才破了案。案破之後，悟空兄弟小心翼翼的把公主安安全全的護送回國，讓公主和她的皇父皇母團圓，重享天倫之樂去了。不過，原先那些冤枉死了的

家屬可卻連一點點兒補償都沒有。啊，人家，最高統帥，皇帝的女兒的命才是命，你小百姓的命那算是命呢？

這個國家的國政整個集中在最高統帥救自己女兒這上面。發生在他們家的事就是國家大事。最高統帥的公主失蹤竟然可以動用國家的軍警特務全面救援，做古早皇帝實在是有夠方便的了！

烏雞國

擁有三宮六妃，中央政府有四百名大官員，太子打獵時帶三千人馬的烏雞國的民族救星和文殊菩薩所變的凡僧相罵，發性子把菩薩用繩子綁了起來，拋入御水河裡去浸了三天三夜。如來佛知道之後，就派了一隻獅子精變做假皇帝，把真皇帝給推下去御花園裡的一口井裡去浸了三年。

有趣的是，這位民族救星死後那三年間都沒有到閻羅王那裡去報到過。那閻王也不曾察覺過。原來那御花園井裡的井龍王見他是個皇帝，就用一粒定顏珠把他定住，使他的屍體不致敗壞。妙哉，人死後是可以不到陰間地府去受苦的，這裡又是一例。井龍王就可以處理了！

被遊記安排去幹假皇帝的是一隻閹了的獅子。這樣，他雖然與皇后在同張床睡了三年，卻也不能侵犯到皇后。三年後，悟空把妖精除了，又妙手回春把真皇帝救活過來，仍舊和皇后共享天倫之樂去了。這位皇后除了三不五時被獅子精吃吃豆腐之外，其他並沒受到什麼痛苦，什麼大損失。

這位民族救星撿到狗屎命後就幫八戒兄擔行李，就要讓

位。後來重新就任之後就大赦天下，將全國的良心犯，政治犯，冤枉入監的全都赦放出來了。這政令讓全國歡心雷動，萬民讚美。

烏雞國的民族救星知過能改，又知道整合人心，可以說是《西遊記》裡表現最好的皇帝了。他若競選連任，不必做票，不必買票，不必靠萬年代表也一定能夠當選的。

朱紫國

朱紫國的人類大救星娶了三個皇后，九個貴妃，宮內又有三千八百名宮女服務。其中那位正宮皇后金聖宮女士生得最妖嬌美麗。不過，就因為她妖嬌美麗，有一位妖精也就看上了，在那一年的五日節把她捉了去，做了三年的押寨夫人去了。大救星著了驚，煩了惱，變得消瘦無力，神經衰弱，尿呈紅色，便中有血，生病三年，都沒法子上班。吃下去的粽子也留在肚內，三年沒消化。

悟空等來到朱紫國時，說要幫他治病。大救星看到悟空生得甚醜，講話又大聲些，就嚇得從龍床上跌落到龍床下。

後來，大救星的神經衰弱，想思病，兼消化不良症，吃悟空用麻黃，番仔豆，鍋灰，馬尿和雨水所合成的三粒桃子大的烏金丹後，落吐三五遍才醫好了。

悟空幫他醫好病後，問他說：「我幫你去收伏妖邪，如何？」大救星一聽，竟然馬上跪倒在地上，說：「你若救得皇后回來，我甘願領著三宮九妃，出城為民，將一國江山全都給你，讓你幹皇帝。」愛美人，不愛江山，偉大的愛情，令人流

鼻涕！

這位愛情至上，見到人醜就會給嚇得從龍床上跌下來的大救星怕妖怪怕得很慘。他命令工程處的官員建了一座兩丈多深，有九個房間的地下避妖樓。樓裡面放置了四個大缸，缸裡面放滿了清油，點著燈火，日夜不停。一旦聽到風聲大些，大救星就率領兩位皇后和九位貴妃拚命逃跑，趕緊躲進避妖樓裡，外面叫人用石板蓋起來。

金皇后被捉後，遊記裡就透過一位姓張的神仙將一件舊的粽簑變了給皇后穿了。皇后如此穿了就像身上生了毒刺一般。於是那妖精就連摸都不能摸他一下，一旦稍稍摸了，就使妖精的手痛得受不了！金聖宮皇后穿這件舊粽簑一穿就是三年，就連洗澡，晚間睡覺都不能換下來。難為你了，金皇后！

也是悟空將妖精除了，原封不動把個好端端的金皇后護送回宮。不過有八名被妖精捉了去服事皇后的小宮女，卻一個一個在妖精肚子餓時給當點心吃掉了。皇后的香肌嫩膚摸不得，小宮女的命吃得！這是個什麼樣子的世界啊？

一個人娶十二個太太，使用三千多宮女，別人都不要結婚了！哼，破壞婚姻制度！幹皇帝，三年沒上班，沒把政權交出來，照常領薪水，說得過去嗎？為著他一個人，兩名皇后，九位貴妃的安全，勞民傷財，花費那麼多人民的稅金，起造這麼豪華的地下避妖樓，他內心平安嗎？這個建築，又給後世許許多多多的不肖死皇帝建造豪華的紀念館留下一個惡劣的壞榜樣。

另外，滅法國的皇帝把九千九百九十六個和尚隨便捉了殺了。車遲國的皇帝十分昏亂，只因討厭吃素的，做官的若捉一

個和尚就昇三級，平民捉一個就賞五十兩銀。如此這般，將全國兩千多和尚全捉到一個集中營做苦工，結果有六七百人因寒冷，水土不合磨死了，七八百人受不了苦自殺死了。

《西遊記》裡，這些各國的當權者都很有錢，國庫通家庫，佔有一國之富，都娶了很多太太，不過都不怎麼英明偉大，不像是民族或人類的大救星。他們辦家事卻以為是在辦國事。他們最關心的總是傳子傳孫。上班時最時髦一句「有事出班來奏，無事退朝」，講完就想開溜，根本沒把國事放在心上。他們處理事情的能力都很差，普通知識也很差。

和許許多多的通俗小說一樣，《西遊記》裡面的公主，皇后們個個都長得妖嬌美麗。他們的眼睛好像翡玉，面似桃花。有的是昭君的美貌，有的是西施的面容，有的是嫦娥降臨，有的是仙女下凡。再沒有一個是生得醜些的。是啊，幹皇帝的即使長得烏黑醜陋，搶天下間的美貌女子當皇后妃子之後，生下來的公主多少也遺傳些貌美的基因吧。

我們並不反對這些女子生得美貌秀麗，我們甚至於也很欣賞她們的美麗，而且也非常尊重她們的生命權，慶幸她們生活美滿，享天倫樂。只是她們平時吃得好，穿得漂亮，住好房子，過著平安幸福，快樂舒服的日子了，而一旦局勢有所變化，卻又都受到特別的照顧，有人關懷，有人疼，有人惜，一個個受保送，一個個安全過關。最不幸的頂多也只是受到一點兒皮肉之痛而已，誰也沒有生命之危險的。

我們知道，《西遊記》絕對不是一部遊山玩水之遊記。西遊路上並不是一路平安無話，太平盛世的。相反的，西遊路上

到處是刀光劍影，流血遍地，殺殺殺殺殺殺殺的。西遊旅程上千千萬萬的平凡百姓，包括多少服事這些貴皇后貴公主的小宮女，平時已經活得甚爲艱難困苦，沒多大尊嚴了，而一當局勢變化之時，卻還得再給三振出局，喪失小命！

　　啊！這樣的世間實在是太不公平了。這樣的世間就是有再多的美皇后，嬌公主，也是黑暗，悽慘的。傳統知識份子所舉的看輕貧赤，看重富貴的筆，新時代的知識份子應該放棄了。

卍 談《西遊記》人物

吃人者

　　三藏取經從長安出發後沒多久，他的兩個隨從就被一隻老虎吃進肚子裡去了。從那時起，西遊路就一路上刀光劍影，到處都有吃人放火之事發生了，百姓的生活非常的悲慘。本文，我們就來探討到底是什款人物在那裡吃人。大約說來，《西遊記》裡的吃人者可以分成三類。

第一類是地方性的

　　就是住在各所在，各角頭的黑道，白道。這類黑白道吃人的方式比較草地款。他們一捉到人，將肚子破開，心肝挖出來，四肢分割，然後就開始吃了。地位高的吃四腿，低的吃骨頭和腸仔肚，頭和心肝則用來招待客人。比較講究的，會用煮的，炊的，煎的，或炒了再吃。那最會打算的則把捉來的人的皮剝了，將肉剁成肉醬，等天陰時當下酒菜。

　　悟空在花果山的結拜大兄，牛魔王算是這裡面最著名的了。他除了娶鐵扇公主羅剎女與玉面公主兩位如意夫人，享齊人之福外，平時就是靠吃人過日子的，結果卻也活了一千歲。你看他和悟空翻臉後，就恨不得將悟空吞入肚內，再化做大便

餵狗。

駝羅莊的蛇精吃了莊裡許多雞鴨牛羊，吃人時一餐得五百人，肚子才會飽。

這類黑白道因為沒有強硬的靠山，他們所吃的人數其實並不算很多。不過，他們的下場卻都非常的悽慘，只有有頭有臉的牛魔王幸免一死之外，其他全都死於悟空兄弟之手下了！

這類人物死後，全都現出他們禽獸的原形來了，如老鼠，兔仔，狐狸，熊，牛，鹿，羊，虎，狼，獅，蜈蚣，蛇，豹等等。俗語說，「衣冠禽獸」就是指的這類人了。

第二類是中央級的

就是各國的統治階層。既然位在英明偉大領袖，民族人類救星之流，他們吃人的方式就比較文化悠久，比較講究法統了。他們不是把人一刀殺了就吃就嚼。他們是利用他們的統治權，戒嚴令……等等等等，慢慢把你磨死，叫你自動跳樓，叫你畏罪自殺，為領袖盡忠而死……

寶象國的公主失蹤，文武百官就遭撤職，宮裡宮外的太監、宮女就遭打致死，無辜百姓也給捉去施酷刑，迫供……

車遲國的皇帝只因為不喜歡吃荤人，就將國內兩千多和尚聚集在一個集中營做苦工，磨死一千五百多。

祭賽國金光寺的寶貝失蹤，寺裡的和尚就受酷刑，兩個輩份都給磨死了。最高領袖眼睛閉著，沒看到這等悲慘之事在他國內發生。

比丘國的民族救星要一千多男孩子為他盡忠而死，好讓他

取心煎藥，滋補身體，延長歲壽。

　　滅法國的人類大救星已經殺了九千九百九十六個和尚了，還繼續要殺四個，以滿一萬之數。

　　死在這類中央級的吃人者的手下的小百姓當然是比死在第一類那些地方性的黑白道多多了。俗語說，「暴政猛於虎」就是在說這個了。

　　這些中央級的吃人者每個都吃得肥頭肥腦，七老八老，還不肯死。人民不將他們拉下來，他們就永遠騎在人民的頭上！

第三類是進口的

　　這類吃人者主要是從天上和從西方進口來的。

　　流沙河的沙悟淨，福陵山的豬八戒，碗子山的黃袍妖，平頂山的金角，銀角，金兜山的獨角凹大王，比丘國旁邊柳林坡的白兔精，竹節山的獅子精，天竺國的兔仔精，等等都是從天上進口來的。

　　黃風嶺的黃毛鼠，通天河的鯉魚怪，麒麟山的賽太歲，小西天的黃眉老佛，獅駝嶺的象，獅，大鵬，等等則全都是從西方進口來的。

　　這類進口來的吃人者有的在他們的門口掛了一塊「什麼什麼仙洞」的招牌，騙你入洞後就大大方方的吃你了。不過，他們大部份都是靠拳頭硬來吃你的。

　　一個地方若有一個這號人物出現，那地方就保證遭遇到一場空前的大災難了。譬如說，在獅駝嶺那裡，光是三位西方進口來的妖精就將整個國家，所有的百姓，文武百官，十幾萬人

全部都吃得精光了！平頂山金角銀角兩位妖精囂張到叫土地公當值之地步。連孫悟空都感嘆道：「既生悟空，怎的又生這妖道？」

這類吃人者因為後台強，靠山硬，在遇到悟空兄弟時，雖然都讓悟空等給征服了，不過，他們卻都性命無慮，只被迫搬家，搬回他們的老家去住而已。風波一過，那地方就又都回復平靜，好像在那裡從來就沒發生過什麼悲慘之事呢。

遊記裡面的吃人者屬於這類的最多，所以西遊路上才這麼災難不停，死傷不盡。原來，在天上，在西方，年資深的，地位高的，就是大神大佛，他們的日子非常好過，自然就不輕易到凡間來了。那資歷淺的，地位低的，在那裡就很難過日子，很難吃飽飯了。一有機會，他們就想開溜。運氣好的，溜到凡間，就當起妖怪吃人了。啊，天上，西方，究竟不是我們所嚮往的。好小子，別人家的草坪並不比你家的草坪綠啊。現實些，振作些，好好掌握在凡間的每一分每一秒吧。

活在這些大妖道的拳頭之下的小妖道因為感覺到前途茫茫，大家都學會得過且過，學會偷雞摸狗。祭賽國兩名小妖被派到金光寺第十三層樓守夜。兩妖就哥倆好，在那裡吃點心，飲酒猜拳。豹頭山的大魔王拿二十兩銀子叫兩個小妖去買豬羊，辦酒席。這兩位小妖就先到酒店喝了兩壺酒，再扣下三兩銀子各買一套冬天的棉裘。回去後，報上個假賬。一旦時勢變化時，小妖中眼睛較為明亮的，知道趕快開溜，四散逃跑，得以顧全性命。那較愚笨的，眼睛給牛屎貼著的就全讓悟空等給一個一個打死了賬了。

　　前年，宋連競選總統時。老妖一票發一千元台幣叫小妖在西海岸全面買票。眾小妖深得豹頭山老祖宗的真傳，發到選民手上的有的剩五百，有的剩三百，最慘的只剩兩罐醬油。雲林縣的選民實在太看不過去，把票投給阿扁仔，造成有史以來民進黨在該縣的勝利。連總統選情都受左右，你說《西遊記》影響台灣深不深？

　　台灣民間流行一種傳說，說蔣介石父子是烏龜和癩哈蟆轉世來的妖精。說他們水性較好，陸上工夫不行，所以得游過黑水溝才有法子活命。既然是進口來的轉世妖精，台灣老百姓所受的災難自然就久久不停了。

卍談《西遊記》人物

鐵飯碗和破飯碗

　　《西遊記》裡大部份的人物住在天上，人間，和地獄。活動在這三個空間的神仙，人，和鬼的社會結構其實有很多相似的地方。我們把他歸類成三個階層，就是持金飯碗吃飯的當權派，圍在金飯碗周圍，持鐵飯碗吃飯的大官虎，和被剝削，持破飯碗吃蕃薯葉的貧窮人。

　　在天上持金飯碗吃飯的，當然就是那位玉皇大帝了。在地獄，就是閻羅王，地藏王菩薩這些陰間冥王了。在人間，自然就是指各國的當權者了。這些貨色，發表文告時派頭十足，收稅金時心肝也很狠，不過肚皮下卻個個膽小如鼠，動不動就怕得跌落龍床……這些我們都已在前面談過。這裡只談鐵飯碗和破飯碗。

1.鐵飯碗

　　圍在玉帝旁邊吃飯的神仙，我們也已在前面談過。現在補充一下那些圍在各國的當權者旁邊吃飯的鐵飯碗。

　　比丘國的皇帝要取國內一千一百十一個男孩的心肝去煎藥，滋補身體，那些大小官員就「依法辦理」，幫忙捉足了一

千多個男童就要殺了。滅法國的皇帝在國內殺九千九百九十六個和尚時，那些大小官員就幫著磨刀，斬頭，掘墓。兩國國內竟然都沒有聽到反對的聲音？

祭賽國的百姓形容他們國內的政治形態說，「文也不賢，武也不良」。寶象國的皇帝問他的文武官員說：「那一位興兵領將，替寡人捉妖魔，救我公主回來？」連續問了好幾次，卻都沒人哼聲。個個武將像是木頭刻的，那文官像是泥土糊的。

朱紫國的偉大領袖的正宮皇后給妖道捉了去。偉大領袖怕妖道，叫人建了一座地下避妖樓。那些大官小官很有體諒領袖心情之藝術，趁機發動獻樓運動，提高稅金，說要把避妖樓建設成一個反攻基地的模範樓。大家拚勢歪哥吃錢，吃得很爽快。後來，果然建了一座兩丈多深，有九間房，燈火點通宵的豪華地下避妖樓了。

反倒有些吃人的妖王，做賊也有賊子義氣。

悟空離開故鄉，到外國求學。二十年後回到花果山時跑去找霸佔在那兒的混世魔王算賬。這位身高三丈，手拿大刀的魔王就說：「你這般矬矮，我這般高長。你要使拳，我要使刀，使刀就殺了你，也叫人笑。待我放下刀，與你使路拳看。」

太上老君的坐騎青牛仔下凡之後所變的妖道拿鎗，看到悟空空手要與他拚，就說：「這猴兒勉強纏帳，我倒使鎗，他卻使拳。那般一個筋子拳頭，只好有個核桃兒大，怎麼稱得個鎚子起也？罷罷罷，我且把鎗放下，與你走一路拳看。」獅駝嶺的大妖王跟悟空說：「你不必擔心，我若調出妖兵，排開陣勢，搖旗打鼓，與你交戰，顯得我是坐家虎，欺負你了。我與

你，一個對一個，不得有幫手。」後來，這個大魔王被悟空降伏了，那二魔王不服，就和悟空計較了起來。二魔王被悟空降伏之後，三魔王看了不服，也同悟空抃了起來。連悟空都讚美說：「這些妖精，兄弟三個，這麼有義氣。」

與後世一些躲在皇宮內，指揮手下去暗殺手無寸鐵的老婦、幼女的魔王比起來，這些魔王還算相當正大光明呢！

2.破飯碗

《西遊記》裡面很多住草厝，穿破衫，持破碗的小百姓的人生哲學其實與現時的小百姓的人生觀非常的相似。大致說來，他們是：

第一，看事情只看外表。你若是從遠方來的，你若講話大聲些，在社會上就比較行得通。

一般人看八戒，悟淨長得人高馬大，悟空長得又瘦又小，就把悟空當做老三，把八戒，悟淨當老大，老二。不知空大無用，走路抗風，穿衣費布。

高老莊的高太公對悟空說：「既然是遠來的和尚，說不定真有手段。」悟空自己吹牛說有降龍伏虎的本領，鎮海寺的人一聽就點頭說：「講大話，想是有些來歷。」

朱紫國的最高領袖長久病醫不好。悟空跟前來請他的太監和衛士說：「你去叫那個國王親身來請我，我有手到病除的工夫。」衛士一聽，就說：「講大聲話，一定有才調。」

第二、很現實，很會看時勢，很愛貪便宜。

三藏的老母對害死她丈夫，霸佔她身子的劉洪說要到金山

寺還願，需要僧鞋一百雙。劉洪就吩咐左右，命令江州城內所有的百姓每家納一雙，限五日完納。做官的確實方便，用別人的手打石獅，容易。捕魚人張稍，每日送卜卦仙袁守誠一尾鯉魚。守誠仙就替他卜個下網的方位。這樣，張稍就百下百著，東邊落網，西岸拋釣，每天都魚蝦滿載而歸。要是我，也是這麼辦。

觀音院的老和尚貪愛三藏的袈裟，小和尚廣智就獻計說，趁他們睡時，拿刀子將他們殺了。廣謀則說將他們睡房整個放火燒了，就是人家看見，也道他自己不小心走了火，又好掩人耳目。小小和尚，倒一個比一個狠。

車遲國的皇帝好道惡僧。僧人得替道士做苦工，燒火，掃地，看門。當官的若捉一個和尚就昇三級，百姓捉一個賞五十兩白銀。於是大家就拚命捉，一陣子就捉了二千多了。後來有一千多給磨死了，只剩五百個不得死。悟空假裝成道士來認親，那五百個和尚就個個出頭露面，咳嗽打響，巴不得悟空將他給認出去。

悟空等在子母河那裡要取落胎泉的泉水時，那個招待他們吃住的老婦人就拜託悟空多拿些回來。後來，那些多出來的泉水就成為老婦人的棺材本了。

有幾個四處流浪的和尚走到寶林寺化緣。那個寺長老看到這些和尚每個都赤著腳，穿破衫。就款待他們進去寺裡，給東西吃，給舊衣服穿，歡迎他們在那裡住幾天。那些流浪漢貪著方便，竟然在那裡住了七、八年，而且在那裡搶碗，搶鍋，賭博。後來，寺長老就只招待從城裡來的好人客了。當三藏前來

問宿時，也給拒絕了。這下惹了悟空生氣，就把寺裡的石獅子一棍打碎。寺內的和尚這才畢恭畢敬，五百個全跑來跪請他們師徒進去。鬼也怕惡人也。

車遲國和西梁女人國的國界是一條寬八百里的通天河。住在兩河岸的百姓，有很多就冒極大的風險從這岸載貨到彼岸賣，因為過河之後，價格漲了一百倍，錢子好賺。

獅駝嶺的大妖魔被悟空等降伏之時，那些小妖精看不是時勢，只一時間而已，十幾萬個全都跑光了。

第三，別人家的孩子死不完。

通天河的鯉魚怪每年做生日時都得到陳家莊捉一對小朋友去加菜，吃頓飽。這一年，輪到陳徵得獻出他的女兒與姪子了。悟空問陳先生說：「你怎麼甘心讓你女兒、姪子去死呢？花五十兩銀子買一個男童，一百兩買一個女童，總共也只兩百兩，這樣就能顧得自己的子兒後代，豈不很好？」這些話雖然是出自悟空的嘴，陳家莊那家人不是也這麼想呢？後來，悟空變做男童要前去給妖精吃，男童的父親陳清就高興得不得了。女童的父親陳徵卻高興不起來，倚在門邊流眼淚。後來，八戒兄變做他的女兒要去給妖精吃，陳徵才開始又有笑容。

比丘國的皇帝要全國一千一百十一個男童的心肝煎藥。三藏因這事流淚悲傷。八戒兄就說：「君教臣死，臣不死不忠；父教兒亡，兒不亡不孝。他傷的是他的人民，與你什麼牽連！」

第四，好客，忠厚，老實，知足，和平。

悟空在參訪仙道途中遇到一個早年喪父的樵夫。那樵夫一

面拾柴，一面唱歌，工作辛苦卻自得其樂。他熱心指點悟空神仙住的地方，自己卻樂於扶養其寡母，不肯同悟空去修道訪仙。求長生竟然不是他生活的重點！

劉全之妻李翠蓮女士死三個月後在唐太宗的宮中還魂了。還魂後，一看周遭，就說：「這裡那是我家。我家是清涼瓦屋，不像這個害黃病的房子，花狸狐哨的門扇。放我出去，放我出去。」

三藏在路上遇到老虎，劉伯欽把他救了回家去，請三藏放心在那裡住一個月。三藏辭行時，伯欽同老母，妻子為三藏備辦了許多粗麵，燒餅，乾糧。

悟空在通天河那裡救了陳家小孩之後，那裡適逢大雪，陳家的人就叫他們放心，在那裡住個半年。三藏堅持辭行，陳先生就說：「多住幾日，等天好雪溶，我拚財產，也一定送你們過河。」三藏等離開之時，庄裡有的買桅篷，有的辦篙槳，有的出繩索，有的請水手，全村都來歡送。

駝羅莊上常有大蛇出沒，吃人牲生。悟空答應捉拿。庄裡的老者就請厝邊隔壁，表弟，姨兄，親家，朋友共八九個老者都來相見。說若拿了妖孽，他等每家送兩畝良田，共湊一千畝，讓他們蓋寺院，打坐參禪。三藏辭行時，五百戶的庄頭竟然有七八百人前來歡送。

悟空救了比丘國一千多孩童的性命後，那些家長就宴請他們達半個月之久。悟空等離開時，被歡送了二十里路。

在隱霧山那裡，悟空救了一個拾柴人的性命，拾柴人的老母就每走一步路，蹲下來拜悟空一次，一直拜到他們家。悟空

等要離開時，就吩咐說若路上不順利，千萬得轉回他家。

　　三藏與八戒因爲誤飲了子母河的河水，大了肚子。後來虧悟空和悟淨取得了解陽山破兒洞落胎泉的泉水，飲了後才解了胎氣。款待他們的婦女就趕緊煮白米稀飯幫他們補虛。

　　這些貧苦人家有的甚至於還活得很有人格，很有尊嚴呢。觀音院一個老和尚偷了三藏的袈裟，後來事跡洩露，被人發見。老和尚感到沒面子，用頭撞壁，自殺而死。劉全之妻李翠蓮女士在自家門口拿金頭釵給化緣的和尚。劉全罵她幾句，說她不遵婦道。李氏吞忍不過，就自殺死了。不過，從現代人的眼光看來，這些人到底是太不知尊重生命了。

　　相良和妻子張氏靠賣磁器過日，一旦身邊剩有幾兩銀子就捐給別人，或是買銀紙來燒。因爲太宗皇帝遊地府時曾向他借了些錢，就派人送一大筆錢來還他們，他們卻拒絕接受此不明之財。

　　在世間做人，這些貧窮人的行爲竟然比那些持金飯碗，鐵飯碗的高貴多了。他們待人之熱情，那片鄉村之和樂……確實太令人感動了。

　　話又說回來，《西遊記》裡面這些沒作爲，只是很善良，很好客，忠厚，老實，知足，和平，不會去欺負人的大眾，許許多多卻活在刀光劍影之下，甚至不少將小命喪失在各地黑白道，各國的統治者，和各路的妖精手下了。

　　自古以來生做貧窮人的日子都不好過，都悲哀，都痛苦。如何建立一個比較公平的社會，減輕這些貧窮人的痛苦是今後全人類的活動中最最重要的課題啊。

附錄一

來去苑裡

　　七月二十六日晚上，台灣教師聯盟的林銘達老師和他的厝邊李先生到機場來接我，載我去苑裡。

　　第二天，銘達兄，李先生和我一齊去參觀苑裡最大的媽祖廟，慈和宮。廟公陳先生跟我們說這是苑裡最正統的媽祖廟。一七七一年從別處搬來現址，應該是相當正統的了！

　　我們看到慈和宮前殿的正中央服事媽祖，左邊（媽祖之右邊）服事關公、神農氏和城隍，右邊服事觀世音菩薩。右旁又有一室，裡面坐一仙地藏王菩薩。

　　慈和宮的後殿正在大興土木。後殿的前庭站立著四個石頭彫像，就是《封神榜》裡許許多多由作者編造出來的混蛋中，掌握風調雨順的魔禮青，魔禮紅，魔禮海，和魔禮壽四大天王也。哼，近年來，讓台灣經歷了這麼多風颱，水災，地震，土石流……，這四位不盡職的傢伙還不知檢討，沒去跳海，有臉站在這裡!?

　　後殿正興建一棟新的凌霄寶殿。又是供那玉皇大帝上班的所在！這隻玉皇大帝到底得佔多少辦公室才能發揮他保佑世人的神威呢？從陳廟公的口裡，我們知道這工程已經花了二億！

目前他們正在趕工，期待來得及明年做醮。這棟三層樓的凌霄寶殿跟我在台西崙仔頂進安府看到的那座一億二千萬的凌霄寶殿有很多相似的地方。譬如說同樣是億萬級的三層樓工程，工程一樣一點美感都沒有，內外同樣金光閃閃，同樣充滿商業氣息，在裡面上班的神明成員同樣令人感到莫名其妙……。這種億萬級的凌霄寶殿，全台灣已相當普遍。可憐啊，台灣人！

　　進入後殿，首先碰到的是趙天君，溫天君，馬天君與王天君，一字排開，個個窮凶極惡，長相難看。封神榜裡封了二十四名雷部的天君，專職是幫雷部正神聞太師催雲助雨。慈和宮這裡隨便抓了四名來當值，其餘二十名留在家裡睡覺。這批天君和聞太師只知催雲助雨，不懂控制風量雨量，連風颱水災不能常來，該停就得停的基本常識都欠缺。哼，全都是不稱職的笨神！

　　一樓的正中央坐著五名東西南北中五斗星君。封神榜裡五斗星君共有二十八名。這裡沒有掛名是那五位入選。可能是大家抽籤，輪班當差。不過這五位五斗星君的嘴臉是固定的，輪班當值也不恰當啊。

　　左邊坐著玉彫的媽祖，是從中國進口的，身材很高大，約有七、八尺高。面孝獃孝獃，年紀大約在三十五左右，臉色蒼白，很不好看。右邊坐著也是玉彫的，身材也很高大，也約七、八尺高的，從緬甸進口的觀世音。這位觀世音的年紀看來在四十上下，也同樣憨面憨面，臉色也同樣蒼白，難看。單單這兩位女生就得花苑裡人很多很多銀子吧。廟的前殿已經有兩位的坐席了，為什麼後殿又得重設席次呢？前後殿同時跑，會

不會很累？把關公，神農氏，城隍和地藏王菩薩留在前殿，不讓他們搬到後面住新房子，他們會不會生氣啊？奇怪！前殿那位媽祖的長相跟後殿這位很不一樣，前殿那位觀音的長相跟後殿這位也很不一樣。

倒是這兩尊玉彫的長相看來卻相差不多，要不是她們坐前掛有名牌，我們也難分清那一位是那一位。我跟銘達兄說我們若把她們的名牌對換掉，她們會不會生氣，善男信女能不能察覺出來？這麼做會不會影響她們的神威？老李的開口說把她們的名牌改爲註生娘娘和王母娘娘不是更物盡其用嗎？苑裡人，就這麼辦，好嗎？

媽祖去世時，芳齡二十八，慈和宮這玉彫看來已三十五。觀世音菩薩是封神榜裡修道千年的雲中子的朋友，當時年齡也該在千年之譜，慈和宮這尊觀音看來才四十上下。前者給老化，後者給年青化。不知會不會影響她們的情緒？玉彫的媽祖觀音是不是比木頭刻的，塑膠塑的，石頭刻的，泥土糊的，或其他材料製造成的媽祖觀音來得靈？什麼材料彫成的神像可以發揮最大的神威？很多媽祖彫像的臉是黑色的，到底那種臉色的發出的神威比較大？價格五千萬的神像是不是比五百元的神像的神威大？身材高大的媽祖觀音是不是比身材矮小的媽祖觀音會保佑人？……

那觀世音只是《封神榜》的作者，《西遊記》的作者，《觀音得道》的作者用筆隨便編寫出來的，實際上不存在的東西，如何發揮神威？這些作者若把觀世音菩薩命名爲胡大鬧菩薩，或包短命菩薩，你會繼續拜他？

　　二樓的正中央坐著三官大帝，就是三界公，堯舜禹那三仙老公仔標。這天官堯任憑臭氧層破了個大洞，地官舜任憑九二一大地震發生了，水官禹任憑水災一個接一個來。又是批不盡職的無能之輩。唉，都二十一世紀了，還服事這些……。

　　左邊坐著文昌帝君，再左邊是六十甲子中的一半，三十名的太歲，最左邊則是南極仙翁。右邊坐著北極玄天上帝，再右邊是六十甲子的另一半，其中一名站在隊伍前面的是今年度的值年太歲。最右邊坐著斗姥星君。

　　文昌帝君聽說主宰著世人的功名及祿位，所以要追求功名及祿位的讀書人都去跪他拜他。讀書人是很自私的，膝蓋是很軟，很容易下跪的。畢竟這功名及祿位實在是太吸引人，太可愛了，於是有關文昌帝君的傳說也就有很多很多。天神方面有六星，人神有包括關公、呂洞賓等在內的五文昌。慈和宮這位的臉不是紅色的，鐵定不是那位姓關的，也不像那位姓呂的，那位姓呂的我以前碰到過。不知是否就是很多廟裡所拜的那位張亞。他面前只寫了「文昌帝君」四個字，誰知道他究竟是帝君中的那一位。難道是所有十一位帝君的混合體？底下我們只好來介紹這位至少有名有姓的張亞吧。絕大多數的王爺們都只有姓而沒有名呢！死馬當做活馬醫。

　　這位張亞生於晉武帝太康八年，西元287年。父親叫張清河，人稱清河叟。起先我目睭霧霧，把他錯看做青蚵嫂。讀了三遍才改過來。他們家住在四川的昆明池。青蚵嫂的太太生這位寶貝兒子時家裡瑞氣千條，……。他的身體時常有光芒四射之象，……。曾在夢中叫河伯降雨，解除四川的旱災。一天，

一位神吏引他入一山洞，對他說，他本來是周朝的人，原是神仙之品，歷代化身於人間凡七十三次，積陰德傳家以至此生，……。說完後又引他出洞。他在風雨中馬上凌空而升化，一命嗚呼哀哉。不過嗚呼哀哉之後就立刻受到玉帝的敕封了，幹管理水府、文昌府兩府之職。

白天無法叫河伯降雨，只好在夢中行事!?其實夢裡要幹的事比不是夢裡好發揮多了。媽祖的媽媽就是在夢裡服下觀世音女士給的一粒藥丸後懷了媽祖的，唐太宗的宰相魏徵在夢中斬了一隻妖龍，包公白天審判陽間案件，晚上審陰間案件呢，……。這帝君愛吃牛肉、果品，拜他時注意準備這兩道菜。不過我們不知道他是喜歡吃紅燒的，或清蒸的，炒的，炸的，煎的，牛排，牛尾，牛腩，牛肚，牛鞭，……。我有一個朋友曾經誠心誠意滷了幾次牛肉去拜他，卻都沒見效，看來他是不喜歡吃滷的。水果款式那麼多，到今天朋友也還沒摸清楚他是不是喜歡吃西瓜。921大地震時，他在員林興賢書院的那間小廟也給震倒了。自身都難保，那來保佑你我之神力呢？慈和宮這位帝君住比較舒服的房子，期待他比較會保佑人。

南極仙翁是《封神榜》、《西遊記》裡面的角色，北極玄天上帝也在《西遊記》裡混過。這兩位我們在其他文章已經提過，這裡不再重複。南北極都派代表來了，實在難得。咦，那位玄天什麼的不是從地球的北極，而是從更遠更遠的，那個不屬於我們的太陽系的北極星來的，來台灣一趟用光速都得四年以上，更加是難得了。以後還可增加東極道祖，西極大帝，上極真人，下極帝君，左極星君，右極道人，前極菩薩，後極古

佛，……等人馬。

斗姆星君是《封神榜》裡聞太師的師父，金靈聖母死後受封的神。《封神榜》裡說他坐鎮斗府，居週天列宿之首，為北極紫氣之尊，統率八萬四千群星惡煞。又是個和北極有關的，狗屁名堂多著呢。坐在一樓正中央那五位五斗星君就是他的直屬部下。至於他辦事的成績呢？有沒有人看過啊？

封神榜裡，封了楊任、殷郊兩位太歲頭，底下率領十個部下，充其量，太歲的頭目頂多也只十二位。這裡的太歲卻擴大編制，搞成這一大群六十名甲子。這些傢伙的外觀既不美觀，品質也相當差，一看就知道是從中國進口來的爛貨，絕對沒神力保佑人的爛貨！可憐，台灣已經有好幾個廟讓這些爛貨混進去了。

中國自魏晉以來，天下大亂，百姓不安，拜求於神明。不過拜了一年兩年，十年二十年，一百年兩百年後，發現成效不彰，眾神明一概只緘口不語，施展不出神威。久而久之，道教廣被中國人所唾棄，漸漸式微，百姓改而信新興起的佛教，期待遠來和尚會念經，外來神明能保佑。後世這些不肖的中國人明明知道彫刻物不能保佑人，但卻見錢眼開，大量製造，輸出賣給貪拜的台灣人，不但賺了錢，還污染了台灣人的心靈。這些神明出口公司沒有售後服務，貨色不會保佑人，不能退貨，台灣人心靈受創，財產受損，不以賠償。台灣人啊，跟人家做生意，不能全無條件，一面虧啊！

三樓的最中央自然就是坐著那隻最大隻的玉皇大帝了。左邊坐著紫微大帝，再左邊坐著天皇大帝。右邊坐著長生大帝，

最右邊則是靑華帝君。

　　這隻玉皇大帝看來約六十歲左右，跟傳說中年齡二億二千六百八十萬歲實在是相差太多了。這座彫像是苑裡在地的彫刻師刻出來的，該彫刻師卻五十出頭就死了，一點都沒得到他的保佑。眞是他X的忘恩負義的王八蛋。

　　紫微大帝是封神榜裡五斗二十八群星中的一位，全名叫中天北極紫微大帝，乃周文王的大兒子邑考死後受封的名號。不過，也可以依《神仙說》的說法說成元始天尊的次子，玉皇上帝，稱紫微大帝，爲上界之王。慈和宮這裡，他旣然坐在玉皇大帝的旁邊，總不能又是玉皇大帝了。

　　天皇大帝是盤古和太元玉女女士生的第一個人類，不是日本天皇。台灣的廟裡服事天皇大帝的不多，這間慈和宮不知從那裡得來靈感服事他？盤古和太元玉女女士應該是黑人，生這兒子可卻臉色蒼白，難免令人感覺不安。最後那兩位又是不肖的道士仔，從不曾到古洞仙山去苦煉過的道士仔近年來所推出來的產品。長生大帝，這名字可愛嗎，吸引人嗎？保佑你長壽的不是已經有二樓那位壽仙，南極仙翁了嗎，何需他來拼館？靑華帝君，是那位清華大學的教授或校長的死鬼給封的呢？這兩位新手還不曾有過保佑世人的紀錄，苑裡人，拜拜看吧。不滿意的話，他們會再弄個長命大帝，無極天尊，玉華帝君，華年道祖，……，讓你拜。很多名字都早已想好了。

　　這慈和宮，神威顯赫了兩百多年的媽祖，觀音和他們的同事們的神威顯然是正在往下沈淪了，甚至於已經沈淪下降到眞的是不行的地步了，否則那需要重金禮聘，請後殿這一大批

八、九十名的新貴前來助陣呢？可憐，後殿這一大批新貴絕
大多數只是《封神榜》、《西遊記》的作者無中生有，隨便
編出來的虛無角色，那來保佑世人的神力？拜這種東西，還
不如拜空氣，空氣至少還有氧分子、氮分子的存在。唉，整
個佈局全錯啊。二億元，苑裡人有多少個二億元可以浪費在
這種佈局全錯的土木工程啊？難得苑裡有苑裡人的驕傲，音
樂家郭芝苑先生，把那二億元建一座音樂廳，把苑裡提升做
台灣的音樂之都該有多好？

　　之後，銘達兄帶我去房裡參觀順天宮。那位年紀近八十
歲的廟公馬上對我們強調順天宮才是苑裡最資深的媽祖廟。
是的，一七二四年建的，當然是很資深了。資深是不同於正
統的。

　　資深宮的規模很小。正中央服事媽祖，左邊一格服事城
隍，更左邊一格服事神農氏和文昌帝君。右邊一格服事註生
娘娘，更右邊一格服事北極玄天上帝。再右旁一格擠了土地
公和好幾位不知名的。雖然個個神色暗淡，可也老神在在，
靜靜的坐在一起。不過看到他們肩靠肩，親密擁擠的情形，
卻也讓我們因他們的呼吸空間之太小，覺得有點可憐。只是
小廟裡的媽祖的神威是不是比大廟裡的媽祖小？正統的媽祖
和資深的媽祖，那一個比較靈？媽祖旁邊的助理由那些副手
來配合才能發揮最大的神威？……

　　又有一天，跟銘達兄等去參觀一個畫展。地點設在苑裡
鎮休閒中心。說來難過，這個休閒中心已經建了很多年，卻
也已經拋荒了六、七年。一年前，苑裡合唱團幾經交涉才把

裡面的泥沙，蜘蛛網，全部洗刷乾淨，搬進鋼琴，讓合唱團使用這個拋荒多年的場地。

這個畫展是一位苑裡的子弟辦的畫展。主題都是台灣農村景色，菜市場賣菜賣肉的小販，做工的工人，……，鄉土氣味很濃。可惜本人的藝術細胞不發達，無法體會畫的好歹，畫中的境界。

我們去參觀時是畫展首日的中午。場地外面有八十幾個，大部分是塑膠做的祝賀花圈，與四十幾個花籃。花圈上面寫了些像「神來之筆」，「畫室之光」之類的賀語。這些送花圈的人連畫都還沒看，就有先見之明，送來這些賀語。台灣人是厚道呢？是鄉愿呢？這麼多花圈花籃把會場外面弄得四不像，有礙觀瞻。之後又留下來許許多多的畚掃。同樣在花蓮，陳來興也有個畫展，就謝絕這些東西，畫展不也開得很成功嗎。台灣社會確實有很多理念需要我們來革新。

教師聯盟的秘書長阮文池的十歲女兒受邀在會場彈非常優美的台語鋼琴曲。可惜會場上的人聲大得使人沒法聽小朋友的演奏。何時，台灣人才能學會尊重別人，學會愛護下一代的小小心靈呢？原來，這天是畫展的首日，主辦者準備了很豐富的點心。來看畫的全都忙著吃點心去了，看畫不是重點，重點是吃點心。

順便提起，近年來阮文池老師非常努力在推展郭芝苑先生的台灣藝術歌曲。今年「郭芝苑音樂演唱會」已在苑裡、清水、大甲，舉辦了三場非常成功，場場客滿的演奏會了。在台灣文化的低氣壓下這些演奏會真讓人感覺到甜如甘露

啊。謝謝你，郭老先生，謝謝你，阮文池老師，謝謝你們，三個合唱團的團員，謝謝你們，前來聽演唱會的鄉親。台灣人的文化可以是美麗的。

附錄二

再談談媽祖

　　傳說媽祖生於公元960年，若還活著的話，今年該一千零四十二歲了。傳說，注意只是傳說，她係福建興化府莆田縣湄洲嶼的女兒家。她父親林願，官拜五代時關都巡檢，母親王氏於某夜夢見觀音大士給一粒藥丸，讓她服下，醒來之後不久有孕。次年（宋太祖建隆元年）三月二十三日黃昏，從西北方有一道紅光射入湄洲嶼林願之家，使得林宅晶瑩奪目，有異香而不散。不久便有一個女嬰出世，乃林家第六個女兒。因為在出生後一個月都沒哭出一聲，因此給取名叫默娘。

　　原來林媽祖又跟那位《封神榜》、《西遊記》的作者無中生出來的觀世音連繫起來了，就像觀世音跟王母娘娘也有所牽連一樣！媽祖如此誕生法跟許許多多典型的神話其實相差不多。神跟神話是永遠分不開的，每一位神的背後都有一套神話，沒有例外。不過，到底是先有神話再造出神呢，還是造了神之後再配上神話呢，本人可不清楚。倒覺得神話就是鬼話，信的人認為是神話，不信的就是鬼話了，兩者是畫等號的。

　　傳說中，媽祖生前的記事大約為：

　　1.公元967年（宋太祖乾德五年），八歲，學習經史，聰

　　明過人，過目不忘，聞一知十，鄉人稱爲神童。好女
　　孩（good girl）！

2. 公元969年（宋太祖開寶二年），十歲，朝夕焚香，誦
　　經禮佛，早具佛性，過入定之生活。太早熟了吧！可
　　憐蟲。

3. 公元972年（宋太祖開寶五年），十三歲，有一鶴髮童
　　顏之玄通道人，至其家傳授玄妙眞理。你相信這種鬼
　　話嗎？

4. 公元975年（宋太祖開寶八年），十六歲，一天和女朋
　　友在庭中井邊遊戲，突然見一神人，手持銅府從井底
　　昇起，友人皆驚惶而走，獨媽祖即時合掌跪下禮拜，
　　神人將手中銅府交她後，便形不見。此後媽祖即以該
　　銅府寶物驅邪救世，治病活人，聲譽大震。果然是個
　　女巫。靠銅府寶物救人，不是眞功夫，你我若有這銅
　　府寶物一定也樂意救人。

5. 公元976年（宋太宗太平興國元年），十七歲，於湄洲
　　港內見一隻商船遇暴風沈沒，乃投草變木，船伕抱住
　　大木乃得慶生。那根木柱不是現有的？是她變的？她
　　是個魔術師？

6. 公元978年（宋太宗太平興國三年），十九歲，一日在
　　家織布時因疲倦睡去，夢見一隻大船在風浪中沈沒，
　　溺者爲其父兄，於是奮不顧身，下海搶救，用嘴咬其
　　父衣，手拉其兄，奮力游泳。忽聞其母呼叫，因急開
　　口回答，其父竟沈溺於海中。醒來，果有此事，於是

痛不欲生，恨不得救父，咒誓終身不嫁，以奉老母。
（一說口咬其兄衣，手拉其父，溺死者爲其兄。）夢
中行事好發揮，編出比這更玄的也不難！談不上特別
特別。

7. 公元980年（宋太宗太平興國五年），二十一歲，福建
一帶旱災，禾苗皆枯，人民饑荒。縣官請她祈禱上天
賜雨，果然靈驗。爲何要等到縣官的請？有這能力，
早該不讓旱災成爲旱災了。

8. 公元982年（宋太宗太平興國七年），二十三歲，往湄
洲西北地方桃花山收伏千里眼、順風耳兩妖精，成爲
其部下神將。絕對的謊言！

9. 公元985年，二十六歲，福建洪水爲災，奉旨求天止
雨，同年又收嘉佑、嘉應二妖，人民皆感其德。果眞
是這樣子嗎？

10. 公元987年，二十八歲，九月九日重陽佳節午時，玉帝
來詔，媽祖渡海登上湄峰，一時祥雲遮天，空中仙樂
響亮，仙杖來迎，自此媽祖得道昇天爲神。理該留在
天上享清福，來人間幹嗎？

　　這些東西除了第一項可信度尚高之外，其他各項都該屬無
稽之談。另一個有關於她的無稽之談說保生大帝曾和她談過戀
愛。保生大帝比她小二十歲，她昇天時保生大帝才八歲，八歲
大的小弟弟要怎麼談戀愛？唉，單憑傳說就可以把台灣人整慘
了。

　　把玉皇大帝弄成統治天上的眾神之神之後，再借玉皇大帝

之口敕封出其他的眾神是道教的神棍們造神的重要理論基礎。這媽祖也只不過是千百名被神棍們借玉皇大帝之名徵詔去成了神之中的一名而已。遺憾的是從來就沒有人目睹玉皇大帝徵詔世人昇天之實況，也不曾有人被邀請去參加他敕封誰人當神之大典。今天，活在世上的人口比以往多得多，人才也比以往多得多，要詔幾個上去，應該比往昔容易多了，可是爲什麼今生今世，世人都還不曾見到這幕重大好戲呢？

千里眼與順風耳這兩位妖怪本是《封神榜》也是《西遊記》裡面的人物，《媽祖傳》的作者看上他們一個眼力好，一個耳朵靈，硬把他們抓到媽祖身邊幹活。這是該作者的想像力太差，文抄公，抄別人的書的結果。媽祖那裡降什麼妖精成了她什麼部下神將？

媽祖得道昇天後據說經常顯靈，漂然往來海上，救人於危，顯神蹟。沒神蹟，怎能繼續混下去？如，在宋代，救使高麗之大臣之海難，平倭寇，醫治瘟疫，解除旱災，助退金兵，平草寇，退錢塘潮，助浙江堤竣成，解除饑荒，顯夢闢地，助商船起碇。在元代，助漕運順利。明代時，滅寇，助擒盜賊，解噩運，除奸，助鄭成功攻台。清代時，助施琅將軍破台。日治時代，在台灣拉裙子將美軍的炸彈拋開。

助施琅破台這事需要提提。原來這施琅於康熙21年奉令攻台後選莆田縣之平海爲海軍基地。他利用心理戰術，說媽祖站在他這邊，要「佐佑戎師，殲殄妖氣，翼衛王室」。散佈媽祖告以「二十一日必得澎湖，七日可得台灣」之謠言，以瓦解明鄭之士氣。當時台灣政局因爲鄭經新死，馮錫範發動政變，殺

死鄭經長子，立子婿鄭克塽，導致領導中心不穩。施琅這麼散佈清軍得到神助之謠言，明鄭軍果然隨即大敗。後來就在台灣建媽祖廟，叫清廷敕封。

這媽祖是受歷代皇帝封號最多的神明。那些不長進的宋代皇帝最最喜歡封神了。老百姓都拜神，官方統治起來不就方便多了。從宋徽宗賜林女士一個「順濟」廟額起，到宋高宗就封她爲「崇福夫人」，宋光宗封她爲「靈惠妃」，元世祖封她爲「天妃」，明太祖封她爲「聖妃」。

原來住在天上的神的地位之高低是由住在地上的皇帝來決定的！？這些皇帝哥兒不知如何和玉皇大帝溝通？寫公文，打電報？皇帝封好後玉帝是一律照准，蓋章同意？不同意的話，怎麼解決？當然啊，幹宰相的姜子牙都可以封神了，幹皇帝的怎能不也來玩玩，這玩意兒還頂好玩呢！說不定由皇帝嘴裡封出來更能顯神威呢。到了康熙年間，這位弱女子竟然步步登天，給封爲「天上聖母」，後來又加封爲「天后」等等。台灣人愛拜，我康熙皇帝自然龍心大悅封個特大號的，讓你們拜個沒完。台灣最早的媽祖廟是澎湖的媽祖宮，約建於明代萬曆年間，即公元1573年以前。不過，自康熙59年起，這「天上聖母」就取代北極玄天上帝而成爲台灣民間信仰之主流了。高明啊，惡毒啊，這清廷治台的政治手腕！

這位年青的媽祖的人緣實在好，天上的玉皇大帝敕封她，地上的皇帝也封她。和齊天大聖一樣，「天上聖母」這稱呼實在是大極了，大得很容易讓人誤會她是玉皇大帝的媽媽或太太。她可與玉皇大帝毫無關係。那玉皇大帝年紀已經二億多，

跟才一千多芳齡的媽祖怎能有什麼關係呢？

　　從另一方面看，她助鄭成功攻台於前，又助施琅破台於後，政治立場看似不太可靠啊！有些鄉親在煩惱，煩惱將來國民黨人反攻大陸或中國對台用兵，她會站在那一邊？當年她擋了美軍的炸彈時，已經站到我們這邊了，該不會出問題吧？不過，請放心，她的政治立場絕對不關緊要。

　　早期，先民從唐山渡海到台灣時以帆船為唯一的交通工具，台灣海峽風浪險惡，航路艱澀，海上的安全保障全賴神明之助。這當中，身為海神的媽祖該是最拚命的一位了。不過，早期她所發揮出來的神威績效卻是微乎其微，不，是完完全全不及格的，先民當時的情況是六死三留一回頭！是的，六死三留一回頭，慘死了。什麼神威顯赫三百年，什麼保障先民的海上安全，全都是假的。是台灣人太一廂情願，太會替她著想，替她圓滑了。當時，她根本就不曾發揮過神威，今天也仍然發揮不出神威，基本上，她從來就沒有一天發揮過神威！君不見，八七水災，八一水災，賀伯風颱，……，晚近的象神風颱，桃芝風颱，納莉風颱，利奇馬風颱，……，帶來多嚴重的水害，她都躲那裡去了，她的神威何在？

　　1974年，全台灣的媽祖廟計有383所。今天，這個數目至少應該超過兩三倍了吧。所有這些廟都設有燒金紙的金爐。北港媽祖廟那裡是一卡車一卡車運著去燒的。這些燒金爐不是每座都是一座化學反應污染爐嗎。我們來看看這媽祖化學反應污染爐的化學反應：

　　第1步：我們花錢把保護水土的樹木砍下來，又花錢把他

製成金紙。大量砍樹木，終於導致大地的反撲，導致殺傷人命的土石流。

第2步：病人（好好人不必燒）將金紙用人類賴於呼吸的氧氣來把他燒掉。這中間，產生了二氧化碳和微塵粒。這裡我們還假設，因燒了金紙，有的病人的病真的好了，心安了。

第3步：燒金紙所產生出來的二氧化碳導致地球的溫室效應。

第4步：無辜的人因呼吸微塵粒，得了肺癌，呼吸器官癌，成了病人。

台灣人每年燒了價值140億台幣的金紙。其中燒給媽祖的至少也有十億吧，台灣人口袋裡的銀子因她而減少了。金紙在媽祖反應爐裡燃燒的結果使有些人得到了心安，有些人得了病，利弊剛好互相抵消。不過樹木的減少，使土石流增多了，二氧化碳增多了，連帶的溫室效應將使人類賴於生存的陸地減少，增加生活困難。空氣中氧氣的減少將導致後代子孫的呼吸困難。燒香和放炮的化學反應更加複雜，連酸雨，土地污染都有份。這筆賬，這筆累積了三百多年的爛賬，這位媽祖如何跟我們算清楚？難道她連一點兒現代知識都欠缺！她若還有一點兒「靈」，早就該託夢禁止人燒香、燒金紙、放鞭炮了！

話又說回來，這媽祖只不過是一位二十八歲就去世的不幸的弱小女子。死後（昇天）卻不得安寧，長期受我們這些世俗人的干擾，把她戴上「天上聖母」這頂高帽子。她在天上遇到南丁格兒，修女特莉沙等女士時，必定驚惶至極，羞得抬不起頭來。這麼沈重的頭銜叫她如何擔當得起啊。你一點上三支

香，就要她保佑你國泰民安，保佑你人丁茂盛，娶嬌妻，嫁好夫，賺大錢，升大官，長歲壽，考好試，贏好比賽，……。國家大事，個人芝麻小事，全都要求之於她，你說這弱女子又要求之於誰啊？假若她是你自己的子女，你願意見她長期忍受這種折磨，承受這麼大的壓力嗎？唉，擾她清夢數百年了，台灣人啊，慈悲點，成全她，放過她，讓她好好安息吧。她欠我們的呆賬，唉，如何算起啊，一切不都是我們自己做得來的？

談《封神榜》與《西遊記》人物

寫後語

　　歷來，很多神明都是由各朝的皇帝封出來的。譬如說，清水祖師受宋孝宗封爲招應慈濟大師，媽祖首先受宋高宗封爲崇福夫人，吳本受宋高宗封爲大道眞人，三山國王爲宋末皇帝所封，陳元光於明初受封爲開漳聖王，殺豬仔兄受明太祖封爲玄天上帝等。有時幹皇后的也手癢敕封，如陳靖姑受雍正的太太封爲天仙聖母。這些零零散散給封出來的神明，歲月一久，就積少成多了。

　　明代的小道士陸西星因爲仙道難成，看到人家幹皇帝的封神好玩，所以寫出那本《封神榜》。除了妲己等三位妖精不好登上《封神榜》外，出現在他書中的人物，全部都給封成神了。他自己身份低，不好意思說是自己的主張，乃假借昊天上帝，元始天尊，姜子牙等之手來封了。這一招，果然厲害，陸家造神公司就這樣推出了近四百名的正神了，堪稱歷來規模最大的造神運動。

　　雖然《西遊記》的寫法與《封神榜》不同，沒有造出另四百名的正神。不過，《西遊記》還是造出了王母姑娘，觀世音菩薩，三藏師徒，齊天大聖，海龍王，閻羅王，地藏王，七仙

女，太白金星，北極玄天上帝等大牌神明。尤其是封出蓋世無雙，轟動江湖，震驚萬教，影響後世至深且巨的大尾，在各廟內地位最高的玉皇大帝，構成造神運動的第二波高峰。

這尾玉皇大帝一出爐，整個神明界的局勢就全然改觀了。因為他不只是自個兒一尾囂張而已。更加重要的是，從此他給當做統治眾神之至上神。在凡間的專制王朝衰退，幹皇帝的少了之後，由土皇帝封神這條路便給斬斷了。姜子牙死後，也自然不好意思繼續再封出新神格。於是由「玉帝徵詔敕封」便成為神棍們緊抓，用之以持續封神的重要理論依據了。不但新神格借他的名給封出來，就是舊神格也不少得到追封的。二億二千六百八十萬歲的動物有此媚力，真是不可思議啊！我們看到許許多多廟裡的神都是這樣給捧出場的。

比干被他敕封為文財神。什麼唐明皇要試張天師之咒法，誤殺三百六十名進士中李，池，吳，朱，范，等受敕封為五府千歲，代天巡狩，永住凡間。張，劉，鍾，趙，史等受敕封為瘟部主宰，即五靈公，五福大帝，或五瘟神。負責監督人民，善惡正邪，任期不定的城隍爺也是他任命的。大爺謝必安，矮爺范無救也是經他敕封，派到城隍廟服務的。

周宣王三十二年時，玉帝派仙官下凡，接引宋倫上天，敕封為太清真人，掌管中嶽。東漢期間，他派遣使者敕封張道陵為正一真人。晉孝武帝寧康二年，八月初一，他派二位仙人從天而降，封一百三十六歲的許遜為九州都仙太史高明大使。聽說在八月十五日那天，許家一家四十二口連同家中好幾隻雞狗同時昇天。崔玨於六十四歲時受他敕封為磁州土地神。這位崔

大人就是讓太宗皇帝多活了二十年歲壽的那位地獄之判官。原來竟是經他敕封的，雖然只是個小土地。

在《西遊記》裡，受他敕封的至少有捲簾大將沙悟淨，天蓬元帥豬八戒，和北極玄天上帝三名。除外，保生大帝大道公五十四歲時受召昇天。趙朗一，字公明，被敕封為神霄副將。張善勳被敕封為君山主宰兼洞庭水治。張亞被敕封為文昌帝君，管理水府文昌兩府。玄天上帝的部下，巨蛇被敕封為天關太玄火精命陰將軍赤靈尊神，蒼龜被敕封為地軸太玄水精育陽將軍黑靈尊神。台灣廟裡神口最多的眾王爺，溫王爺，刑王爺，池王爺，張王爺，丁王爺，吳王爺，等等等等全都是經他敕封出來的東西！可惜從來就沒有人目睹他封出諸神之實況。

有很多神是凡間的皇帝和天上的他共同敕封有份的。這天上凡間的統治者到底是如何溝通的呢？玉皇大帝封出眾神後是如何通知凡間的我們知道的呢？我們可從來不曾收到他下的公文，傳真，或電話！

隨著台灣經濟之起飛，數十年來，台灣人在各地興建了很多很多座供他上班辦公的凌霄寶殿，花費百十億台幣。底下，我們隨便舉兩個例子。第一座是花一億二千萬，費時十年才興建起來的台西進安府（供奉池王爺）的後殿。第二座是花費二億，預定今年十二月完工的苑裡慈和宮（供奉媽祖）的後殿。他又不甘寂寞，不肯自己一個呆在殿裡，於是每座凌霄寶殿裡面都阿貓阿狗，一大堆排排坐，坐在一起。

例一、台西進安府凌霄寶殿的眾神陣容（三樓建築）

樓	（左邊）		（正中）	（右邊）	
3	北斗星君	三清道祖	玉皇大帝	三官大帝	南斗星君
2	華陀菩薩	張府千歲	關帝聖君	五年千歲	玄天上帝
1	註生娘娘	地藏王	觀世音	大成菩薩	天上聖母

例二、苑裡慈和宮凌霄寶殿的眾神陣容（三樓建築）

樓	（左邊）			（正中）	（右邊）		
3	天皇大帝	紫微大帝		玉皇大帝	長生大帝	青華帝君	
2	南極仙翁	六十甲子	文昌帝君	三官大帝	玄天上帝	六十甲子	斗姥星君
1	媽祖			五斗星君	觀世音菩薩		

（招待人員） 趙天君 溫天君 馬天君 王天君

殿外前庭 魔禮青（風） 魔禮紅（調） 魔禮海（雨） 魔禮壽（順）

　　哼，一半是來自《封神榜》或《西遊記》裡的人馬！例
二、在苑裡慈和宮的凌霄寶殿裡面享受人間烟火的竟然高達八
九十位，充分表示眾神無能，神威普遍下降之現象。啊，行的
一個就夠了，不行的，再多也枉然。

　　台灣的廟寺從一九六〇年的四千二百座增加到目前的約三
萬座！每一座都是中國古代宮殿式之建築，那種象徵專制集權
之建築！台灣人的懷古情不該是這樣的吧。台灣人是要邁步向
前行呢，是要一天到晚往後看呢？

　　四百年來，台灣的道士仔造神運動的結果讓六百位神明坐
進台灣的廟裡。彫刻師用木，石，磁，泥，玉，金，銅，竹，

塑膠等材料將這些死鬼刻成彫像，再經法師，道士仔口中念動眞言，念咒請神，敕點明鏡，使用朱筆，七星劍，一隻白色公雞，割破雞冠取血，有的裝入一隻虎頭蜂，謂之「入神」，做點眼開光的手續後，死鬼彫刻就變成神像了。估計生產了兩千萬大軍。

台灣人一燒香，燒金紙，這些彫像就開始發出神威，擁有保佑人的生命力(Vital force)了，是這樣嗎？若是一號不靈就拜二號，二號不靈就拜三號。一直拜下去，拜到君心滿意或厭惡放棄爲止。長久以來，台灣人的民間信仰就這樣掌握在法師，道士仔的手中啊。分明是一種現代的文明人拜古代的野蠻人的奇異行爲！

其實若是這樣子造出來的東西可以成神保佑人的話，李喬，林雙不，甚至金庸的武俠小說裡的人物當然也可以成神啊。拜林金樹，拜劉明基，拜洪第七，我們或許會感到怪怪的。可是，爲什麼，爲什麼拜古時這些亂七八糟的東西卻都麻木不覺呢？美國人，法國人爲什麼不重金禮聘從台灣聘個大法師，大道士仔將紐約，巴黎博物館內的藝術彫像點眼開光，使他們都變成會保佑美國人，法國人的神呢？

啊，宇宙間是有太多太多我們無法了解的神秘力量在支使著，要拜，拜創造宇宙的天公或上帝吧，拜賜給我們光與熱的太陽，拜捉住我們土地的神木樹靈吧！畢竟，神不該是由人創造出來的。

更加令人遺憾的是，很多這些神明在生前竟是心地殘忍，作惡多端，甚至於是殺人不見血之凶徒。死後的神像又多青面

獠牙，眼睛暴突，十分的恐怖，醜陋。拜這種惡神是對台灣人心靈之污辱與迫害。台灣的孩子在目睹他們之惡像，心中產生驚惶恐懼這種極不健康的社會教育環境中長大，對人格身心之成長更有極其負面之影響。

四百年前，先民從唐山渡海過台灣。黑水溝風浪險惡，危機重重。到台之後，又時逢疾病霍亂。在醫學不發達的時代，先民拜神，求神明保庇的行為是可以理解的。現時，這些險惡因素已經不存在。台灣人可卻變本加利，繼續努力求平安，求福祿財子壽……說得不好聽，其實是一種以個人為本位的功利主義，一切只為自己好，自家好。久而久之，形成對社會公義，對人類愛，對世界和平之冷漠不關心。這是相當貧脊的文化模式，是台灣人該思考改變的所在。

至於拜神活動中的燒香，燒金紙，放炮，燒王船更是現代文明中的醜陋面。前年農曆七月，單單台北市就收集了八十三點一噸的金銀紙到焚化爐去燒掉，沒給收集到的，在個人家裡燒的還不算在內。全台灣一年所燒掉的金銀紙當在百萬噸之譜！開銷一百四十億。不僅浪費龐大，而且在燃燒過程中燒掉人類賴以生存呼吸的寶貴氧氣，製造導致溫室效應的二氧化碳，和製造導致酸雨，導致呼吸器官癌，肺癌的氮硫氧化合物和微塵粒。

前年國內某一個大學的教授的研究已經確定燒香所產生的廢氣中含有多種致癌物質。這位教授到今天還不敢公開發表這項研究結果，怕引起民眾的恐慌。也就是說長久以來，大家心裡認為燒香拜神會得到保佑的想法剛好和事實完全相反。燒香

拜神不但不能得到保佑，反而會傷害國民的身心健康。台灣人應該勇敢面對這殘酷事實，台灣人應該有智慧致力改善。

　　法蘭西共和國有一個精神象徵，萬聖殿(LePantheon)，裡面置放著七十二位對法國，甚至於對全人類最有貢獻的法國偉人之骨灰，包含政治家，軍官將領，主教，科學家，哲學家，文學家……如居禮先生夫人，盧梭，伏爾泰，雨果，左拉等。台灣人的廟裡供奉的卻是玉皇大帝，太上老君，女媧娘娘，王母娘娘……這些不三不四的人物。說來令人傷心落淚。

　　轉移這些傷害人身心健康的拜神活動爲比武，唱歌，跳舞，登山，下海，運動，打球，旅行、……把建廟的錢拿來建博物館，藝術館，水族館，海洋生物館，森林館，音樂館，歷史館，天文館，科學館、……建立台灣人的萬聖殿，做爲台灣人的精神象徵。這些該是台灣文化的重建重點。

怪力亂神的民間信仰

——《封神榜》與《西遊記》角色神格化之批判

作　者／趙弘雅

執行編輯／韓芨

前衛出版社

地址：106台北市信義路二段34號6樓

電話：02-23560301　傳眞：02-23964553

郵撥：05625551　前衛出版社

E-mail：a4791@ms15.hinet.net

Internet：http://www.avanguard.com.tw

出版總監／林文欽

法律顧問／汪紹銘律師・林峰正律師

旭昇圖書公司

地址：台北縣中和市中山路二段352號2樓

電話：02-22451480　傳眞：02-22451479

出版日期／2002年3月初版第一刷

定價／新台幣250元